KB098930

암기

주역

64괘

암기 주역 64괘

발행일 초판4쇄 2023년 9월 15일(癸卯年 辛酉月 丙子日)
풀어 읽은이 고은주 | **감수** 우응순 | **펴낸곳** 북드라망 | **펴낸이** 김현경 |
주소 서울시 종로구 사직로8길 24, 1221호(내수동, 경희궁의아침 2단지) |
전화 02-739-9918 | **이메일** bookdramang@gmail.com

ISBN 979-11-90351-15-7 02140 | 이 도서의 국립중앙도서관 출판예정도서목록
(CIP)은 서지정보유통지원시스템 홈페이지(http://seoji.nl.go.kr)와 국가자료종합
목록 구축시스템(http://kolis-net.nl.go.kr)에서 이용하실 수 있습니다.(CIP제어번
호: CIP2020012790) | 이 책은 저작권자와 북드라망의 독점계약에 의해 출간되었으
므로 무단전재와 무단복제를 금합니다. 잘못 만들어진 책은 서점에서 바꿔 드립니다.

책으로 여는 지혜의 인드라망, 북드라망
www.bookdramang.com

북드라망
암기책
01

암기
주역 64괘

고은주 풀어 읽음
우응순 감수

티

▶『암기 주역 64괘』사용설명서◀

주역 64괘의 구성과 이름

『주역』의 64괘는 음(--)과 양(—)의 기호 3개가 조합된 8괘를 중첩해 놓은 기호로 이루어져 있습니다. 8괘는 건(乾, ☰)・태(兌, ☱)・리(離, ☲)・진(震, ☳)・손(巽, ☴)・감(坎, ☵)・간(艮, ☶)・곤(坤, ☷)이라는 이름을 가지고 있으며 각각 하늘(天), 연못(澤), 불(火), 우레(雷), 바람(風), 물(水), 산(山), 땅(地)을 상징합니다. 주역의 64괘의 명칭은 이 상징들의 조합에 해당 괘의 이름을 붙인 조합입니다. 가령 하늘(☰)과 물(☵)이 조합되어 소송, 분쟁 등을 상징하는 송(訟) 괘는 '천수 송'(天水 訟)이라고 부릅니다. 같은 괘가 두 번 겹치는 경우에는 '겹치다'라는 뜻을 가진 중(重)자를 써서 표현하는데, 가령 하늘을 상징하는 건괘가 두 번 겹치는 경우에는 '중천 건'(重天 乾)이라고 부릅니다.

괘사와 효사

주역은 64괘로 이루어져 있고, 각각의 괘는 음(--)과 (—)양을 상징하는 6개의 가로획의 조합으로 이루어져 있는데, 이 가로획 기호 하나를 '효'(爻)라고 부릅니다. 주역의 원문은 64괘 각각에 대한 설명인 '괘사'와 64괘를 이루는 각각의 효에 대한 설명인 '효사'로 이루어져 있습니다.

효사 읽는 법

효사는 괘의 모양[卦象]에서 볼 때 아래에서부터 읽기 시작합니다. 맨 아래부터 초효, 이효, 삼효… 식으로 읽어 나가는데, 효가 음일 경우에는 음을 상징하는 6(六)을, 양일 경우에는 양을 상징하는 9(九)를 붙여서 부릅니다. 가령 두번째 위치한 효가 음효일 경우에는 '육이효', 세번째 위치한 효가 양효일 경우에는 '구삼효'라고 부릅니다. 다만 맨 처음 효와 여섯번째인 마지막 효는 부르는 이름이 다른데, 처음에 나오는 효에는 '초'(初) 자를 여섯번째 나오는 효에는 '상'(上) 자를 붙여, 초구효(처음에 나오는 효가 양일 경우), 상육효(마지막에 나오는 효가 음일 경우)처럼 부릅니다. 참고로 주역 64괘의 출발인 '중천 건'과 '중지 곤'의 괘에는 각각 양과 음의 쓰임을 드러내 주는 '용구'(用九), '용육'(用六)이라는 효사가 하나씩 더 붙어 있습니다.

[예시]

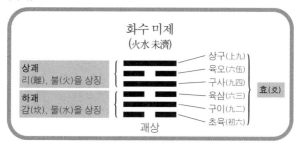

이 책의 사용법

• 이 책은 『낭송 주역』(고은주 풀어 읽음, 우응순 감수)의 내용을 기반으로 주역 공부에 입문하는 초학자들이 64괘의 원문과 내용을 암송하는 데 용이하도록 휴대성을 높여 제작했습니다. 『낭송 주역』에 실린 내용 중 64괘의 원문과 해석만을 수록하였으며, 괘사와 효사에 대한 주석인 단전과 대상전, 소상전, 문언전은 『낭송 주역』을 참고하시기 바랍니다.

• 책의 본문은 64괘의 괘사와 효사의 원문과 해석을 쉽게 확인할 수 있도록 각각 두 페이지로 구성했습니다. 왼쪽 페이지에는 괘사와 효사의 원문과 독음을, 오른쪽 페이지에는 해석을 수록하였습니다.

• 책의 말미에는 주역 64괘 괘사와 효사의 원문만을 모아 두었습니다. 전체를 낭송하거나 암기하면서 확인하는 용도로 사용하면 좋습니다.

주역 상경

주역 하경

북드라망
암기책

周易

易

주 역
상 경

上 經

1

굳건한 하늘의 덕, 중천 건

重天乾

乾, 元, 亨, 利, 貞.
건 원 형 리 정

初九, 潛龍, 勿用.
초구 잠 룡 물 용

九二, 見龍在田, 利見大人.
구이 현 룡 재 전 리 견 대 인

九三, 君子終日乾乾, 夕惕若, 厲, 无咎.
구삼 군 자 종 일 건 건 석 척 약 려 무 구

九四, 或躍在淵, 无咎.
구사 혹 약 재 연 무 구

九五, 飛龍在天, 利見大人.
구오 비 룡 재 천 리 견 대 인

上九, 亢龍, 有悔.
상구 항 룡 유 회

用九, 見羣龍, 无首, 吉.
용구 견 군 룡 무 수 길

건괘乾卦는 원元하고 형亨하고 리利하고 정貞하다.

만물을 시작하게 하는 근원이고, 만물을 성장시켜 형통하게
하고, 만물을 촉진시켜 이롭게 하고, 만물을 완성시켜 바르게
한다.

초구효, 물에 잠긴 용이니 쓰지 말라.

구이효, 용이 나타나 밭에 있으니 대인을 만나는 것이 이롭다.

구삼효, 군자가 종일토록 그침 없이 힘쓰며 저녁이 되어도 두
　　　려운 듯이 하면 위태로우나 허물이 없다.

구사효, 혹 뛰어 오르거나 연못에 있으면 허물이 없다.

구오효, 날아오른 용이 하늘에 있으니 대인을 만나는 것이 이
　　　롭다.

상구효, 너무 높이 올라간 용이니 후회가 있다.

용구, 여러 용을 보되 우두머리가 되지 않으면 길하다.

2

만물을 기르는 땅의 덕, 중지 곤

重地坤

☷☷

坤, 元, 亨, 利, 牝馬之貞. 君子有攸往. 先迷,
곤 원 형 리 빈마지정 군자유유왕 선미

後得, 主利. 西南得朋, 東北喪朋, 安貞, 吉.
후득 주리 서남득붕 동북상붕 안정 길

初六, 履霜, 堅冰至.
초육 리상 견빙지

六二, 直方大. 不習无不利.
육이 직방대 불습무불리

六三, 含章可貞, 或從王事, 无成有終.
육삼 함장가정 혹종왕사 무성유종

六四, 括囊, 无咎无譽.
육사 괄낭 무구무예

六五, 黃裳, 元吉.
육오 황상 원길

上六, 龍戰于野, 其血玄黃.
상육 용전우야 기혈현황

用六, 利永貞.
용육 리영정

곤괘坤卦는 원元하고 형亨하고 리利하고 암말의 정貞함이다. 만물이 생겨나는 근원이고, 만물을 성장시켜 형통하게 하고, 만물을 촉진시켜 이롭게 하고, 만물을 완성시키는 암말의 올바름이니 군자가 나아갈 바를 둔다. 앞장서면 헤매게 되고 뒤따르면 항상된 도리를 얻을 것이니 이로움을 주관한다. 서쪽·남쪽은 벗을 얻고 동쪽·북쪽은 벗을 잃으니 편안히 여기고 올바름을 굳게 지켜야 길하다.

초육효, 서리를 밟으면 단단한 얼음이 이르게 된다.

육이효, 곧고 반듯하고 위대하다. 애써 익히지 않아도 이롭지 않음이 없다.

육삼효, 안으로 아름다움을 머금어 올바름을 지킬 수 있으니 혹 나랏일에 종사하더라도, 그 성공을 자기 것으로 하지 말고 끝마침이 있어야 한다.

육사효, 주머니를 묶으면 허물이 없고 영예도 없으리라.

육오효, 황색 치마이면 크게 좋고 길하다.

상육효, 용이 되어 들판에서 싸우니, 그 피가 검고 누르다.

용육, 오래도록 지속함과 올바름을 굳게 지키는 것이 이롭다.

천지에 가득하여 막힘, 수뢰 둔

水雷屯

屯, 元亨, 利貞. 勿用有攸往, 利建侯.
둔 원형 리정 물용유유왕 리건후

初九, 磐桓, 利居貞, 利建侯.
초구 반환 리거정 리건후

六二, 屯如邅如, 乘馬班如, 匪寇, 婚媾.
육이 둔여전여 승마반여 비구혼구

女子貞不字, 十年乃字.
여자정부자 십년내자

六三, 卽鹿无虞, 惟入于林中. 君子幾, 不如舍,
육삼 즉록무우 유입우림중 군자기 불여사,

往吝.
왕린

六四, 乘馬班如, 求婚媾, 往, 吉, 无不利.
육사 승마반여 구혼구 왕 길 무불리

九五, 屯其膏. 小貞, 吉, 大貞, 凶.
구오 둔기고 소정 길 대정 흉

上六, 乘馬班如, 泣血漣如.
상육 승마반여 읍혈연여

풀이

둔괘屯卦는 크게 형통하고 바르게 함이 이롭다. 나아갈 바를 두지 말고, 자신을 보좌할 제후를 세우는 것이 이롭다.

초구효, 주저하는 모습이니 올바름을 지키며 그 자리에 머무는 것이 이롭고, 제후를 세우는 것이 이롭다.

육이효, 막힌 듯해서 머뭇거리며 말을 탔다가 말에서 내리니, 도적초구이 아니면 혼인할 짝구오이 오리라. 여자육이가 올바름을 지켜서 시집가지 않다가 십 년이 되어서야 자식을 키우게 된다.

육삼효, 사슴을 쫓는데 사냥터지기가 없어 숲 속으로 들어감이다. 군자가 기미를 보고 사슴 쫓기를 그만두는 것만 못하니 그대로 가면 부끄러우리라.

육사효, 말을 탔다가 말에서 내리니, 혼인할 짝초구을 구하여 구오의 군주에게 가면 길하여 이롭지 않음이 없다.

구오효, 군주가 베푸는 은택이 막혀서 아래까지 미치지 않는다. 조금씩 점차로 바로잡으면 길하고 크게 단번에 바로잡으려고 하면 흉하다.

상육효, 말을 탔다가 말에서 내리는 것이니 피눈물을 줄줄 흘린다.

4
어린아이와 어리석음, 산수몽
山水蒙

蒙, 亨. 匪我求童蒙, 童蒙求我. 初筮告, 再三瀆,
몽 형 비아구동몽 동몽구아 초서곡 재삼독

瀆則不告, 利貞.
독 즉 불 곡 리 정

初六, 發蒙, 利用刑人. 用說桎梏, 以往, 吝.
초육 발몽 리용형인 용탈질곡 이왕 린

九二, 包蒙, 吉. 納婦, 吉, 子克家.
구이 포몽 길 납부 길 자극가

六三, 勿用取女. 見金夫, 不有躬, 无攸利.
육삼 물용취녀 견금부 불유궁 무유리

六四, 困蒙, 吝.
육사 곤몽 린

六五, 童蒙, 吉.
육오 동몽 길

上九, 擊蒙. 不利爲寇, 利禦寇.
상구 격몽 불리위구 리어구

몽괘蒙卦는 형통하다. 내구이가 어린아이童蒙, 육오에게 구하는 것이 아니라, 어린아이가 나를 찾는 것이다. 처음 묻거든 알려 주지만 두 번 세 번 물으면 모독하는 것이다. 모독하면 알려 주지 않으니, 자신을 바르게 지키는 것이 이롭다.

초육효, 어리석음을 깨우쳐 주는 초기에는 형벌을 가하듯이 엄격하게 하는 것이 이롭다. 그러고 나면 속박하고 있던 차꼬와 수갑을 벗겨 주어야 하니, 그대로 나아간다면 부끄럽기 때문이다.

구이효, 어리석음을 포용해 주면 길하다. 부인의 말도 받아들이면 길할 것이니, 자식이 집안일을 잘하는 것이다.

육삼효, 이런 여자에게 장가들지 말아야 한다. 돈 많은 남자金夫, 구이를 보고 자기 몸을 지키지 못하니, 이로울 바가 없다.

육사효, 어리석음에 빠져 곤란을 겪게 되니 부끄럽다.

육오효, 어려서 잘 알지 못하는 것童蒙이라 길하다.

상구효, 어리석음을 쳐서 일깨워 주는 것이다. 도적이 되는 것은 이롭지 않고, 도적을 막는 것이 이롭다.

성장을 위한 기다림, 수천 수

水天需

需, 有孚, 光亨, 貞吉, 利涉大川.
수 유부 광형 정길 리섭대천

初九, 需于郊, 利用恒, 无咎.
초구 수우교 리용항 무구

九二, 需于沙, 小有言, 終吉.
구이 수우사 소유언 종길

九三, 需于泥, 致寇至.
구삼 수우니 치구지

六四, 需于血, 出自穴.
육사 수우혈 출자혈

九五, 需于酒食, 貞吉.
구오 수우주식 정길

上六, 入于穴, 有不速之客三人來, 敬之, 終吉.
상육 입우혈 유불속지객삼인래 경지 종길

풀이

수괘需卦는 내면에 꽉 찬 믿음이 있어서 빛나고 형통하며 올바름을 지키고 있어 길하니, 큰 강을 건너는 것이 이롭다.

초구효, 교외에서 기다리는 것이니 항상됨을 지키는 것이 이롭고 허물이 없다.

구이효, 모래사장에서 기다리는 것이니 구설수가 조금 있지만 끝내 길하리라.

구삼효, 진흙탕에서 기다리니 도적이 이르도록 자초한다.

육사효, 피를 흘리며 기다리는 것이니 스스로 안전한 곳에서 나온 것이다.

구오효, 술과 음식을 먹으며 기다리니 바르고 길하다.

상육효, 편안한 곳穴으로 들어가는 것이니 부르지 않은 손님 셋하괘에 있는 3개의 양효이 오지만 그들을 공경하면 끝내 길하리라.

다툼과 송사, 천수 송

天水訟

訟, 有孚, 窒, 惕, 中吉, 終凶. 利見大人,
송 유부 질 척 중길 종흉 리견대인

不利涉大川.
불리섭대천

初六, 不永所事, 小有言, 終吉.
초육 불영소사 소유언 종길

九二, 不克訟, 歸而逋, 其邑人三百戶, 无眚.
구이 불극송 귀이포 기읍인삼백호 무생

六三, 食舊德, 貞厲, 終吉. 或從王事, 无成.
육삼 식구덕 정려 종길 혹종왕사 무성

九四, 不克訟, 復卽命, 渝, 安貞, 吉.
구사 불극송 복즉명 투 안정 길

九五, 訟, 元吉.
구오 송 원길

上九, 或錫之鞶帶, 終朝三褫之.
상구 혹석지반대 종조삼치지

송괘訟卦는 내면에 진실한 믿음이 있으나 막혀서 두려우니, 중도를 지키면 길하고 끝까지 가면 흉하다. 대인을 만나면 이롭고 큰 강을 건너는 것이 이롭지 않다.

초육효, 다투는 일을 끝까지 하지 않으면 약간 구설수가 있으나 결국에는 길하리라.

구이효, 송사를 이기지 못하여 돌아가 도망가니 그 마을 사람이 3백 호 정도이면 화를 자초하지 않으리라.

육삼효, 예전부터 해오던 일을 하며 먹고살아 가니 올바름을 굳게 지키면 위태로우나 결국에는 길하다. 혹 나랏일에 종사하여도 공을 자신의 것으로 할 수 없다.

구사효, 송사를 할 수 없으니 돌아와 자신에게 주어진 본분에 나아가고, 마음을 바꾸어 편안하게 여기고 올바름을 굳게 지키면 길하다.

구오효, 송사에 크게 선하고 길하다.

상구효, 혹 관복의 큰 띠를 하사받더라도 하루아침이 끝나기도 전에 세 번 빼앗기리라.

군대를 이끌고 군중을 통솔함, 지수 사
地水師

䷆

師, 貞, 丈人, 吉, 无咎.
사 정 장인 길 무구

初六, 師出以律, 否, 臧, 凶.
초육 사출이율 부 장 흉

九二, 在師, 中吉, 无咎, 王三錫命.
구이 재사 중길 무구 왕삼석명

六三, 師或輿尸, 凶.
육삼 사혹여시 흉

六四, 師左次, 无咎.
육사 사좌차 무구

六五, 田有禽, 利執言, 无咎. 長子帥師,
육오 전유금 리집언 무구 장자솔사

弟子輿尸, 貞, 凶.
제자여시 정 흉

上六, 大君有命, 開國承家, 小人勿用.
상육 대군유명 개국승가 소인물용

풀이

사괘師卦는 올바름을 굳게 지켜야 하니, 다른 사람들을 이끌 수
있어야 길하고 허물이 없다.

초육효, 군대를 일으키는 데 규율로써 하니, 그렇지 않다면 승
　　　리하더라도 흉하다.

구이효, 군대의 일에 있어 중도를 지켜서 길하고 허물이 없으
　　　니, 왕이 신임하여 세 번 명을 내린다.

육삼효, 군대의 일을 혹 여러 사람이 주장하면 흉하다.

육사효, 군대가 물러나 머무르니 허물이 없다.

육오효, 밭에 짐승오랑캐이 들어오면 명령을 받들어 잡는 것이
　　　이로우니 허물이 없다. 맏아들이 군대를 거느렸으니,
　　　여러 동생들이 주장하게 하면 바르더라도 흉하리라.

상육효, 위대한 군주가 명을 내리는 것이니, 제후를 봉하고開國
　　　경대부를 삼을 때承家에 소인을 쓰지 말라.

친밀하게 도움을 주고받음, 수지 비
水地比

䷇

比, 吉, 原筮, 元永貞, 无咎. 不寧, 方來, 後, 夫,
비　길　원서　원영정　무구　불녕　방래　후　부

凶.
흉

初六, 有孚比之, 无咎. 有孚盈缶, 終, 來有他吉.
초육　유부비지　무구　유부영부　종　래유타길

六二, 比之自內, 貞吉.
육이　비지자내　정길

六三, 比之匪人.
육삼　비지비인

六四, 外比之, 貞, 吉.
육사　외비지　정　길

九五, 顯比. 王用三驅, 失前禽, 邑人不誡, 吉.
구오　현비　왕용삼구　실전금　읍인불계　길

上六, 比之无首, 凶.
상육　비지무수　흉

비괘比卦는 길하니 근원을 잘 살피되, 성숙한 지도력元과 일관성永, 그리고 도덕적인 확고함貞을 갖추었다면 허물이 없다. 편안하지 않아야 비로소 올 것이니, 뒤처진다면 강한 사내일지라도 흉하리라.

초육효, 진실한 믿음을 가지고 사람과 가까이 지내며 도와야 허물이 없다. 내면의 믿음이 질그릇에 가득 차듯이 하면, 결국에는 뜻하지 않은 길함이 온다.

육이효, 사람들과 가까이 지내며 돕기를 내면으로부터 함이니, 올바름을 지켜서 길하다.

육삼효, 인간 같지 않은 자와 가까이 지내며 돕는 것이다.

육사효, 밖으로 가까이 지내며 돕는 것이니, 바르게 행하여서 길하다.

구오효, 가까이 지내며 돕는 것을 드러냄이다. 왕이 세 방향으로 몰아가면서 앞서 도망가는 짐승을 잡지 않으며 자신이 직접 다스리는 곳의 사람들에게만 약속하지 않으면 길하다.

상육효, 사람들과 가까이 지내며 돕는데 처음부터 믿음이 없으니, 흉하다.

음陰이 저지함, 풍천 소축

風天小畜

小畜, 亨. 密雲不雨, 自我西郊.
소축 형 밀운불우 자아서교

初九, 復, 自道, 何其咎? 吉.
초구 복 자도 하기구 길

九二, 牽復, 吉.
구이 견복 길

九三, 輿說輻, 夫妻反目.
구삼 여탈복 부처반목

六四, 有孚, 血去, 惕出, 无咎.
육사 유부 혈거 척출 무구

九五, 有孚. 攣如, 富以其鄰.
구오 유부 련여 부이기린

上九, 旣雨旣處, 尙德, 載, 婦貞, 厲. 月幾望,
상구 기우기처 상덕 재 부정 려 월기망

　　君子征, 凶.
　　군자정 흉

소축괘小畜卦는 형통하다. 구름이 빽빽한데 비가 오지 않는 것은 내가 서쪽 교외에서 왔기 때문이다.

초구효, 회복함이 도를 따름이니 무슨 허물이 있겠는가? 길하다.

구이효, 이끌어 연합하여 회복함이니 길하다.

구삼효, 수레에 바퀴살이 빠진 것이니 부부가 서로 반목하는 것이다.

육사효, 진실한 믿음을 다하면 피 흘리는 상황에서 벗어나고 두려움에서 빠져나오니 허물이 없다.

구오효, 진실함과 믿음이 있음이다. 여러 양陽들을 끌어당겨서 부유함으로써 그 이웃과 함께하는 것이다.

상구효, 비가 오고 나서 그침은 덕을 숭상하여 가득 쌓인 것이니 부인이 이것을 계속 고수하면 위태롭다. 달이 보름에 가까워서 음陰의 기운이 가장 왕성한 것이니, 군자가 움직이면 흉하리라.

예禮의 실천, 천택 리

天澤履

☰

履虎尾, 不咥人, 亨.
리 호 미 부 질 인 형

初九, 素履, 往, 无咎.
초구 소 리 왕 무 구

九二, 履道坦坦, 幽人貞吉.
구이 리 도 탄 탄 유 인 정 길

六三, 眇能視, 跛能履. 履虎尾, 咥人, 凶,
육삼 묘 능 시 파 능 리 리 호 미 질 인 흉

武人爲于大君.
무 인 위 우 대 군

九四, 履虎尾, 愬愬, 終吉.
구사 리 호 미 색 색 종 길

九五, 夬履, 貞, 厲.
구오 쾌 리 정 려

上九, 視履, 考祥, 其旋, 元吉.
상구 시 리 고 상 기 선 원 길

풀이

리괘履卦는 호랑이 꼬리를 밟아도 사람을 물지 않으니, 형통하다.

초구효, 본래대로 행하여 나아가면 허물이 없다.

구이효, 행하는 도리가 탄탄하니 마음이 차분한 사람이라야 올바르고 길하다.

육삼효, 애꾸눈이 보려 하고, 절름발이가 걸으려 하는 것이다. 호랑이 꼬리를 밟아서 사람을 무니 흉하고, 무력을 쓰는 포악한 사람이 대군王이 되려고 한다.

구사효, 호랑이 꼬리를 밟으니 두려워하고 조심하면 결국에는 길하리라.

구오효, 강하게 결단하여 행함이니 바르더라도 위태롭다.

상구효, 행하여 지나온 것을 보아서 선악과 화복을 상세히 살피되 두루 잘못이 없으면 크게 좋고 길하리라.

11

소통과 편안함, 지천 태

地天泰

☷☰

泰, 小往, 大來, 吉, 亨.
태 소 왕 대 래 길 형

初九, 拔茅茹, 以其彙征, 吉.
초구 발 모 여 이 기 휘 정 길

九二, 包荒, 用馮河, 不遐遺, 朋亡, 得尙于中行.
구이 포 황 용 빙 하 불 하 유 붕 망 득 상 우 중 행

九三, 无平不陂, 无往不復. 艱貞, 无咎, 勿恤,
구삼 무 평 불 피 무 왕 불 복 간 정 무 구 물 휼

其孚, 于食, 有福.
기 부 우 식 유 복

六四, 翩翩, 不富以其鄰, 不戒以孚.
육사 편 편 불 부 이 기 린 불 계 이 부

六五, 帝乙歸妹, 以祉, 元吉.
육오 제 을 귀 매 이 지 원 길

上六, 城復于隍. 勿用師, 自邑告命, 貞, 吝.
상육 성 복 우 황 물 용 사 자 읍 고 명 정 린

태괘泰卦는 작은 것陰, 소인이 가고 큰 것陽, 군자이 오니, 길하고
형통하다.

초구효, 띠풀을 뿌리째 뽑음이라. 그 동류와 무리지어 나아가
면 길하다.

구이효, 거친 것을 포용하고 걸어서 황하를 건너는 과감함을
쓰며, 멀리 있는 사람인재을 버리지 않고 사사로운 자신
의 무리朋黨를 버리면, 중도를 행하는 것에 맞게 된다.

구삼효, 평평하기만 하고 기울지 않는 것은 없으며 가기만 하
고 돌아오지 않는 것은 없다. 어렵게 여기고 올바름을
지키면 허물이 없고 근심하지 않아도 진실한 믿음이
있으면 벼슬함에 복이 있으리라.

육사효, 새가 가볍게 날듯이 아래로 내려가 부유하지 않은데도
그 이웃과 함께하니 경계하지 않고 진실하게 믿는다.

육오효, 제을帝乙이 누이동생을 시집보냄이니 복을 얻고 크게
좋고 길하리라.

상육효, 성이 무너져 해자垓字로 돌아간다. 군사를 쓰지 말아야
하는데 자신이 다스리는 고을에서 명을 내리니, 올바
르더라도 부끄럽다.

불통과 단절, 천지 비

天地否

否之匪人. 不利君子貞, 大往小來.
비 지 비 인   불 리 군 자 정   대 왕 소 래

初六, 拔茅茹, 以其彙, 貞, 吉, 亨.
초 육   발 모 여   이 기 휘   정   길   형

六二, 包承. 小人吉, 大人否, 亨.
육 이   포 승   소 인 길   대 인 비   형

六三, 包羞.
육 삼   포 수

九四, 有命, 无咎, 疇離祉.
구 사   유 명   무 구   주 리 지

九五, 休否, 大人吉. 其亡其亡, 繫于苞桑.
구 오   휴 비   대 인 길   기 망 기 망   계 우 포 상

上九, 傾否, 先否, 後喜.
상 구   경 비   선 비   후 희

비패否卦는 인간의 길이 아니다. 군자가 올바름을 지킴에 이롭지 않으니, 큰 것陽, 군자이 가고 작은 것陰, 소인이 온다.

초육효, 띠풀을 뿌리째 뽑음이라. 그 동류와 무리지어 바르게 지키면 길하고 형통하다.

육이효, 마음에 품고 있는 것이 윗사람의 뜻을 받드는 일이다. 소인의 경우에는 길하고 대인의 경우에는 막힌 것이니 형통하다.

육삼효, 마음에 품고 있는 것이 부끄럽다.

구사효, 군주의 명이 있어 행하면 허물이 없으니 동류가 복을 누린다.

구오효, 막힌 것을 그치게 하니, 대인의 길함이다. 나라가 망할까, 망할까 염려하여 무더기로 난 뽕나무에 묶어 매는 것이다.

상구효, 막힌 것이 기울어짐이니 우선은 막히고 나중에는 기쁘리라.

다른 사람과 함께함, 천화 동인

天火同人

同人于野, 亨, 利涉大川, 利君子貞.
동 인 우 야 형 리 섭 대 천 리 군 자 정

初九, 同人于門, 无咎.
초구 동 인 우 문 무 구

六二, 同人于宗, 吝.
육이 동 인 우 종 린

九三, 伏戎于莽, 升其高陵, 三歲不興.
구삼 복 융 우 망 승 기 고 릉 삼 세 불 흥

九四, 乘其墉, 弗克攻, 吉.
구사 승 기 용 불 극 공 길

九五, 同人, 先號咷而後笑, 大師克, 相遇.
구오 동 인 선 호 도 이 후 소 대 사 극 상 우

上九, 同人于郊, 无悔.
상구 동 인 우 교 무 회

풀이

동인괘同人卦는 사람들과 함께하기를 넓은 들판에서 하면 형통하니, 큰 강을 건너는 것이 이롭고, 군자가 올바르게 행하는 것이 이롭다.

초구효, 문을 나가서 사람들과 함께하니, 허물이 없다.

육이효, 자기 집안에서만 사람들과 함께하니, 부끄럽다.

구삼효, 병사를 수풀에 감추어 두고 높은 언덕에 올라가서 엿보지만 3년 동안 일으키지 못한다.

구사효, 담장에 올라가지만 구오를 공격하지 못하니 길하다.

구오효, 사람들과 함께하는데 먼저 울부짖다가 나중에 웃으니, 크게 군대를 써서 이겨야 육이와 서로 만나게 된다.

상구효, 교외에서 사람들과 함께하니 후회할 일이 없다.

14

크게 소유함, 화천 대유

火天 大有

大有, 元亨.
대유 원형

初九, 无交害, 匪咎. 艱則无咎.
초구 무교해 비구 간즉무구

九二, 大車以載, 有攸往, 无咎.
구이 대거이재 유유왕 무구

九三, 公用亨于天子, 小人弗克.
구삼 공용형우천자 소인불극

九四, 匪其彭, 无咎.
구사 비기방 무구

六五, 厥孚交如, 威如, 吉.
육오 궐부교여 위여 길

上九, 自天祐之, 吉无不利.
상구 자천우지 길무불리

풀이

대유괘大有卦는 크게 좋고 형통하다.

초구효, 해를 끼치는 것과 무관하니 허물이 아니다. 이 상황을 어렵게 여기고 조심하면 허물이 없다.

구이효, 큰 수레로 짐을 싣는 것이니, 나아가는 바가 있어서 허물이 없다.

구삼효, 공公, 제후이 자신의 재물을 써서 천자를 형통하게 하는 것이니, 소인은 할 수 없다.

구사효, 지나친 성대함에 처하지 않으면 허물이 없다.

육오효, 진실한 믿음을 가지고 사람들과 더불어 사귀는 것이니, 위엄이 있으면 길하다.

상구효, 하늘로부터 도와줌이니, 길하고 이롭지 않음이 없다.

자신을 낮춤, 지산 겸

地山謙

䷎

謙, 亨, 君子有終.
겸 형 군자유종

初六, 謙謙君子, 用涉大川, 吉.
초육 겸겸군자 용섭대천 길

六二, 鳴謙, 貞, 吉.
육이 명겸 정 길

九三, 勞謙, 君子有終, 吉.
구삼 로겸 군자유종 길

六四, 无不利撝謙.
육사 무불리휘겸

六五, 不富以其鄰, 利用侵伐, 无不利.
육오 불부이기린 리용침벌 무불리

上六, 鳴謙, 利用行師, 征邑國.
상육 명겸 리용행사 정읍국

겸괘謙卦는 형통하니, 군자는 끝마침이 있다.

초육효, 겸손하고 겸손한 군자이니 이것을 써서 큰 강을 건너더라도 길하다.

육이효, 겸손함이 울려 드러나니, 올바르고 길하다.

구삼효, 공로가 있으면서 겸손함이니, 군자는 끝마침이 있어 길하다.

육사효, 겸손함을 발휘하는데 이롭지 않음이 없다.

육오효, 부유하지 않아도 이웃을 얻으니 무력으로 치는 것이 이로우며 이롭지 않음이 없다.

상육효, 겸손함이 울려 드러남이니 군대를 움직여 자신이 다스리는 곳을 단속함이 이롭다.

화락함과 기쁨, 뇌지 예

雷地豫

豫, 利建侯行師.
예 리건후행사

初六, 鳴豫, 凶.
초육 명예 흉

六二, 介于石, 不終日, 貞吉.
육이 개우석 부종일 정길

六三, 盱豫, 悔, 遲, 有悔.
육삼 우예 회 지 유회

九四, 由豫, 大有得, 勿疑, 朋, 盍簪.
구사 유예 대유득 물의 붕 합잠

六五, 貞, 疾, 恒不死.
육오 정 질 항불사

上六, 冥豫, 成, 有渝, 无咎.
상육 명예 성 유투 무구

예괘豫卦는 제후를 세우고 군대를 움직이는 것이 이롭다.

초육효, 기쁨을 드러내어 울리니 흉하다.

육이효, 절개가 돌과 같이 굳세어 하루 종일 기쁨에 취해 있지 않고 떠나가니 올바르고 길하다.

육삼효, 위에 있는 구사효를 올려다보며 기뻐하니 후회가 있고, 머뭇거리며 지체하여도 후회하리라.

구사효, 기쁨이 구사효로 인해 말미암는 것이니 크게 얻음이 있다. 의심하지 않으면 도와줄 벗들이 모여들리라.

육오효, 바른 자리에 있으나 질병이 있어서 항상 앓고 있으면서도 죽지 않는다.

상육효, 기쁨에 빠져 어두워짐이 이루어졌으나 바꿀 수 있으면 허물이 없다.

17

기꺼이 뒤따름, 택뢰 수

澤雷隨

☷

隨, 元亨, 利貞, 无咎.
수 원형 리정 무구

初九, 官有渝, 貞, 吉, 出門交有功.
초구 관유투 정 길 출문교유공

六二, 係小子, 失丈夫.
육이 계소자 실장부

六三, 係丈夫, 失小子, 隨, 有求, 得, 利居貞.
육삼 계장부 실소자 수 유구 득 리거정

九四, 隨有獲, 貞, 凶. 有孚, 在道, 以明, 何咎!
구사 수유획 정 흉 유부 재도 이명 하구

九五, 孚于嘉, 吉.
구오 부우가 길

上六, 拘係之, 乃從維之, 王用亨于西山.
상육 구계지 내종유지 왕용형우서산

풀이

수괘隨卦는 크게 형통하니 바르게 함이 이롭고 허물이 없다.

초구효, 주관하여 지키던 것에 변화가 있으니 바르게 하면 길하고 문 밖으로 나가 사귀면 공이 있다.

육이효, 소인배초구에게 얽매이면 장부구오를 잃는다.

육삼효, 장부구사를 따르고 소인배초구를 버리므로 따름에 구하는 것이 있어 얻으나 바르게 자신을 지키는 것이 이롭다.

구사효, 민심이 따르는데 차지하려고 하면 올바르더라도 흉하다. 진실한 믿음이 있고 도리를 지키면서 명철하게 처신하면, 무슨 허물이 있겠는가!

구오효, 아름다움을 깊이 믿으니 길하다.

상육효, 붙잡아 묶어 놓고 또 이어서 민심이 따르는 것을 동여매니, 왕이 서산에서 형통할 수 있었다.

문제를 해결함, 산풍 고

山風蠱

蠱, 元亨, 利涉大川, 先甲三日, 後甲三日.
고 원형 리섭대천 선갑삼일 후갑삼일

初六, 幹父之蠱. 有子, 考无咎, 厲, 終吉.
초육 간부지고 유자 고무구 려 종길

九二, 幹母之蠱, 不可貞.
구이 간모지고 불가정

九三, 幹父之蠱, 小有悔, 无大咎.
구삼 간부지고 소유회 무대구

六四, 裕父之蠱, 往, 見吝.
육사 유부지고 왕 견린

六五, 幹父之蠱, 用譽.
육오 간부지고 용예

上九, 不事王侯, 高尙其事.
상구 불사왕후 고상기사

고괘蠱卦는 크게 좋고 형통하니 큰 강을 건너는 것이 이롭다. 일을 시작하기甲에 앞서 3일을 생각하고, 일을 한 후에 3일을 신중해야 한다.

초육효, 아버지가 벌인 일을 주관한다. 자식이 있어 아버지가 허물이 없게 되니, 위태롭게 여겨야 끝내 길하다.

구이효, 어머니가 벌인 일을 주관하니 지나치게 굳세게 밀어붙이면 안 된다.

구삼효, 아버지가 벌인 일을 주관하니 약간 후회가 있지만 큰 허물은 없다.

육사효, 아버지가 벌인 일을 느긋하게 처리하는 것이니 더 나아간다면 부끄러운 일을 당한다.

육오효, 아버지가 벌인 일을 주관하니 명예를 얻는다.

상구효, 왕과 제후를 섬기지 않고 자신이 해야 할 바를 높인다.

가까이 다가감, 지택 림

地澤臨

䷒

臨, 元亨, 利貞. 至于八月, 有凶.
림 원형 리정 지우팔월 유흉

初九, 咸臨, 貞, 吉.
초구 함림 정 길

九二, 咸臨, 吉, 无不利.
구이 함림 길 무불리

六三, 甘臨, 无攸利, 旣憂之, 无咎.
육삼 감림 무유리 기우지 무구

六四, 至臨, 无咎.
육사 지림 무구

六五, 知臨, 大君之宜, 吉.
육오 지림 대군지의 길

上六, 敦臨, 吉, 无咎.
상육 돈림 길 무구

풀이

림괘臨卦는 크게 형통하고 바르게 하면 이롭다. 여덟 달이 지나면 흉함이 있다.

초구효, 육사와 감응하여 가까이 다가감이니, 바르게 하여 길하다.

구이효, 육오와 감응하여 가까이 다가감이니, 길하여 이롭지 않음이 없다.

육삼효, 기쁜 낯으로만 아랫사람에게 다가가니 이로운 것이 없으나, 이미 그것을 근심하고 있으므로 허물이 없다.

육사효, 초구에 다가감이 지극하니 허물이 없다.

육오효, 다가감이 지혜로운 것이니 위대한 군주가 마땅히 해야 할 일이라서 길하다.

상육효, 다가감이 돈독하니 길하고 허물이 없다.

보는 것과 보이는 것, 풍지관

風地觀

觀, 盥而不薦, 有孚, 顒若.
관 관이불천 유부 옹약

初六, 童觀, 小人无咎, 君子吝.
초육 동관 소인무구 군자린

六二, 闚觀, 利女貞.
육이 규관 리여정

六三, 觀我生, 進退.
육삼 관아생 진퇴

六四, 觀國之光, 利用賓于王.
육사 관국지광 리용빈우왕

九五, 觀我生, 君子, 无咎.
구오 관아생 군자 무구

上九, 觀其生, 君子, 无咎.
상구 관기생 군자 무구

풀이

관괘觀卦는 손을 씻고서 아직 제사음식을 올리지 않았을 때처럼 하면, 백성들이 진실한 믿음을 가지고 우러러 본다.

초육효, 어린아이가 보는 것이니 소인이라면 허물이 없지만 군자는 부끄러우리라.

육이효, 문틈으로 엿보는 것이라 여자의 올바름이 이롭다.

육삼효, 내가 하는 행동을 보고 나아가거나 물러난다.

육사효, 나라의 빛남구오의 빛나는 덕을 보는 것이니 왕에게 제대로 대접받는 신하가 되는 것이 이롭다.

구오효, 내가 하는 정치를 보아서 백성들이 군자답다면 허물이 없다.

상구효, 자신이 하는 덕행을 보았을 때 군자다우면 허물이 없다.

깨물어 합함, 화뢰 서합

火雷噬嗑

☲
☳

噬嗑, 亨, 利用獄.
서합 형 리용옥

初九, 屨校, 滅趾, 无咎.
초구 구교 멸지 무구

六二, 噬膚, 滅鼻, 无咎.
육이 서부 멸비 무구

六三, 噬腊肉, 遇毒, 小吝, 无咎.
육삼 서석육 우독 소린 무구

九四, 噬乾胏, 得金矢, 利艱貞, 吉.
구사 서건자 득금시 리간정 길

六五, 噬乾肉, 得黃金, 貞厲, 无咎.
육오 서건육 득황금 정려 무구

上九, 何校滅耳, 凶.
상구 하교멸이 흉

풀이

서합괘噬嗑卦는 형통하니, 옥사獄事, 중대한 범죄를 다스림를 쓰는
것이 이롭다.

초구효, 차꼬를 채워 발을 상하게 하니, 허물이 없다.

육이효, 살점을 깨물어 코가 푹 들어가 없어질 정도이니, 허물
이 없다.

육삼효, 말린 고기를 씹다가 썩은 부분을 만났으니, 조금 부끄
럽지만 허물은 없다.

구사효, 뼈에 붙은 마른 고기를 깨물어 쇠화살金矢, 단호함과 강직
함을 얻었으나, 어렵다고 생각하고 올바름을 굳게 지키
면 이로우니 길하다.

육오효, 말린 고기를 깨물어 황금黃金, 중도와 단호함을 얻으니, 올
바름을 굳게 지키고 위태롭게 여기면 허물이 없다.

상구효, 차꼬를 목에 차서 귀가 없어졌으니, 흉하다.

꾸미고 장식함, 산화 비

山火賁

賁, 亨, 小利有攸往.
비 형 소리유유왕

初九, 賁其趾, 舍車而徒.
초구 비기지 사거이도

六二, 賁其須.
육이 비기수

九三, 賁如濡如, 永貞, 吉.
구삼 비여유여 영정 길

六四, 賁如皤如, 白馬翰如, 匪寇, 婚媾.
육사 비여파여 백마한여 비구 혼구

六五, 賁于丘園, 束帛, 戔戔, 吝, 終吉.
육오 비우구원 속백 전전 린 종길

上九, 白賁, 无咎.
상구 백비 무구

풀이

비괘賁卦는 형통하니, 나아갈 바를 두는 것이 약간 이롭다.

초구효, 발을 꾸밈이니, 수레를 버리고 걷는다.

육이효, 수염을 꾸민다.

구삼효, 꾸미는 것이 윤택하니, 오래도록 유지하고 올바르게 하면 길하다.

육사효, 꾸밈이 없어 흰 것이며 백마를 타고 나는 듯이 달려가니 도적구삼이 아니면 혼인할 짝초구이다.

육오효, 언덕 위의 사냥터상구에서 꾸미는 것이니, 묶은 비단을 재단하여 늘어놓은 듯이 하면 부끄럽지만 결국에는 길하다.

상구효, 꾸미는 것을 소박하게 해야 허물이 없다.

양陽의 깎임, 산지박

山地剝

䷖

剝, 不利有攸往.
박 불 리 유 유 왕

初六, 剝牀以足, 蔑貞, 凶.
초육 박 상 이 족 멸 정 흉

六二, 剝牀以辨, 蔑貞, 凶.
육이 박 상 이 변 멸 정 흉

六三, 剝之无咎.
육삼 박 지 무 구

六四, 剝牀以膚, 凶.
육사 박 상 이 부 흉

六五, 貫魚, 以宮人寵, 无不利.
육오 관 어 이 궁 인 총 무 불 리

上九, 碩果不食, 君子得輿, 小人剝廬.
상구 석 과 불 식 군 자 득 여 소 인 박 려

박괘剝卦는 가는 바를 두는 것이 이롭지 않다.

초육효, 깎기를 침상 다리에서부터 하니, 올바름을 없애서 흉하다.

육이효, 침상을 깎아 상판에 이르니, 올바름을 없애서 흉하다.

육삼효, 박剝의 시대에 허물이 없다.

육사효, 침상을 깎아 피부에까지 미치니 흉하다.

육오효, 물고기여러 음(陰)를 꿰어서 상구에게 궁인이 총애 받듯이 하면 이롭지 않음이 없다.

상구효, 큰 과실은 먹히지 않음이니, 군자는 수레를 얻고 소인은 초가지붕을 벗겨 낸다.

일양一陽이 돌아옴, 지뢰복

地雷復

䷗

復, 亨. 出入无疾, 朋來无咎. 反復其道,
복 형 출입무질 붕래무구 반복기도

七日來復, 利有攸往.
칠일래복 리유유왕

初九, 不遠復, 无祗悔, 元吉.
초구 불원복 무지회 원길

六二, 休復, 吉.
육이 휴복 길

六三, 頻復, 厲, 无咎.
육삼 빈복 려 무구

六四, 中行, 獨復.
육사 중행 독복

六五, 敦復, 无悔.
육오 돈복 무회

上六, 迷復, 凶, 有災眚. 用行師, 終有大敗,
상육 미복 흉 유재생 용행사 종유대패

以其國, 君凶, 至于十年, 不克征.
이기국 군흉 지우십년 불극정

풀이

복괘復卦는 형통하다. 나가고 들어오는 데에 문제가 없으며 벗
들이 와야 허물이 없다. 그 도가 반복되어 7일 만에 와서 회복
하니, 나아갈 바를 두는 것이 이롭다.

초구효, 멀리 가지 않고 돌아오는 것이니, 후회에 이르지 않아
　　　서 크게 좋고 길하다.

육이효, 아름답게 돌아옴이니, 길하다.

육삼효, 자주 돌아옴이니, 위태로우나 허물이 없으리라.

육사효, 중도를 행하여서 홀로 돌아온다.

육오효, 돈독하게 돌아옴이니 후회가 없다.

상육효, 돌아가는 데 길을 잃음이라 흉하고 하늘이 내린 재앙과
　　　스스로 불러들인 화가 있다. 군사를 동원하는 데 쓰면
　　　결국에는 크게 패하고 나라를 다스리는 데 쓰면 군주
　　　가 흉하게 되어 10년이 되도록 나아갈 수가 없다.

진실하여 망령되지 않음, 천뢰 무망

天雷无妄

䷘

无妄, 元亨, 利貞, 其匪正, 有眚, 不利有攸往.
무망 원형 리정 기비정 유생 불리유유왕

初九, 无妄, 往吉.
초구 무망 왕길

六二, 不耕, 穫, 不菑, 畬, 則利有攸往.
육이 불경 확 불치 여 즉리유유왕

六三, 无妄之災, 或繫之牛, 行人之得, 邑人之災.
육삼 무망지재 혹계지우 행인지득 읍인지재

九四, 可貞, 无咎.
구사 가정 무구

九五, 无妄之疾, 勿藥, 有喜.
구오 무망지질 물약 유희

上九, 无妄, 行, 有眚, 无攸利.
상구 무망 행 유생 무유리

풀이

무망괘无妄卦는 크게 형통하고 바르게 함이 이로우니, 그 올바름이 아니면 화를 자초하고, 가는 바를 두면 이롭지 않다.

초구효, 망령되지 않음이니, 그대로 나아가면 길하다.

육이효, 밭을 갈지 않고서 수확하며 1년 된 밭을 만들지 않고서 3년 된 밭이 되니, 나아갈 바를 두는 것이 이롭다.

육삼효, 망령되지 않음의 재앙이다. 혹 소를 매어 놓았더라도 길 가던 이가 얻으니 마을 사람들에게는 재앙이 된다.

구사효, 올바름을 지킬 수 있으니, 허물이 없다.

구오효, 망령되지 않은데 아픔이 생긴 것이니 약을 쓰지 않더라도 기쁜 일이 있다.

상구효, 망령되지 않음에서 움직여 나아가면 화를 자초하고 이로울 바가 없다.

26

양陽이 저지하여 크게 축적함, 산천 대축

山天大畜

☲

大畜, 利貞, 不家食, 吉, 利涉大川.
대 축 리 정 불 가 식 길 리 섭 대 천

初九, 有厲, 利已.
초 구 유 려 리 이

九二, 輿說輹.
구 이 여 탈 복

九三, 良馬逐, 利艱貞. 日閑輿衛, 利有攸往.
구 삼 양 마 축 리 간 정 일 한 여 위 리 유 유 왕

六四, 童牛之牿, 元吉.
육 사 동 우 지 곡 원 길

六五, 豶豕之牙, 吉.
육 오 분 시 지 아 길

上九, 何天之衢, 亨.
상 구 하 천 지 구 형

풀이

대축괘大畜卦는 바르게 하는 것이 이로우니 집에서 밥을 먹지 않으면 길하고 큰 강을 건너는 것이 이롭다.

초구효, 위태로움이 있으니 멈추는 것이 이롭다.

구이효, 수레에서 바퀴통이 빠졌다.

구삼효, 좋은 말이 달려가는 것이니 어렵게 여기고 올바름을 굳게 지키는 것이 이롭다. 날마다 수레 모는 것과 자기를 지키는 것을 연습하면 가는 바를 두는 것이 이롭다.

육사효, 어린 송아지초구에게 뿔막이 나무를 대 놓은 것이니, 크게 좋고 길하다.

육오효, 거세한 멧돼지가 어금니를 쓰지 못함이니, 길하다.

상구효, 하늘의 큰 길이니 형통하다.

만물을 길러 냄, 산뢰 이

山雷頤

☶

頤, 貞, 吉, 觀頤, 自求口實.
이 정 길 관이 자구구실

初九, 舍爾靈龜, 觀我, 朶頤, 凶.
초구 사이영귀 관아 타이 흉

六二, 顚頤, 拂經. 于丘, 頤, 征, 凶.
육이 전이 불경 우구 이 정 흉

六三, 拂頤貞, 凶, 十年勿用. 无攸利.
육삼 불이정 흉 십년물용 무유리

六四, 顚頤, 吉, 虎視耽耽, 其欲逐逐, 无咎.
육사 전이 길 호시탐탐 기욕축축 무구

六五, 拂經, 居貞, 吉, 不可涉大川.
육오 불경 거정 길 불가섭대천

上九, 由頤, 厲, 吉. 利涉大川.
상구 유이 려 길 리섭대천

이괘頤卦는 바르게 행하면 길하니 사람이 길러냄과 스스로 먹을 것을 구하는 방법을 살펴보아야 한다.

초구효, 너초구 자신의 신령스런 거북이대단한 잠재력를 버리고 나육사를 보고 턱을 늘어뜨리니 흉하다.

육이효, 거꾸로 초구효가 길러 주기를 기다리니 이치에 어긋난다. 언덕상구에게 길러 달라고 하면서 나아가면 흉하다.

육삼효, 길러 주는 바른 도리에 어긋나 흉하니 10년 동안 쓰지 마라. 이로울 바가 없다.

육사효, 거꾸로 초구효가 길러 주기를 구하지만 길하니 호랑이가 상대를 노려보듯이 하고 하고자 하는 것을 계속 이어 나가면 허물이 없다.

육오효, 상구의 덕을 보려 하니 이치에 어긋나지만 올바름을 굳게 지키면 길하다. 하지만 큰 강을 건널 수는 없다.

상구효, 자신으로 말미암아 길러지니 위태롭게 여기면 길하다. 큰 강을 건너는 것이 이롭다.

큰일이 과도함, 택풍 대과

澤風大過

大過, 棟, 橈, 利有攸往, 亨.
대 과 동 요 리유유왕 형

初六, 藉用白茅, 无咎.
초육 자용백모 무구

九二, 枯楊生稊. 老夫得其女妻, 无不利.
구이 고양생제 노부득기녀처 무불리

九三, 棟橈, 凶.
구삼 동요 흉

九四, 棟隆, 吉, 有它, 吝.
구사 동륭 길 유타 린

九五, 枯楊生華. 老婦得其士夫, 无咎, 无譽.
구오 고양생화 노부득기사부 무구 무예

上六, 過涉滅頂, 凶, 无咎.
상육 과섭멸정 흉 무구

풀이

대과괘大過卦는 들보기둥이 휘어지는 것이니 나아갈 바를 두는 것이 이롭고 형통하다.

초육효, 흰 띠풀을 써서 소박하지만 정성스럽게 자리를 깔았으니 허물이 없다.

구이효, 마른 버드나무에 뿌리가 움터 나온다. 늙은 사내구이가 젊은 아내초육를 얻는 것이니 이롭지 않음이 없다.

구삼효, 들보기둥이 휘어지는 것이니 흉하다.

구사효, 들보기둥이 솟아올라 길하지만 정응인 초육에게 얽매여 다른 마음을 가지면 부끄러울 것이다.

구오효, 마른 버드나무에 꽃이 핀다. 늙은 부인상육이 젊은 사내구오를 얻는 것이니 허물은 없지만 영예도 없다.

상육효, 지나치게 무리해서 강을 건너다가 정수리가 잠겼으니 흉하며 원망할 데가 없다.

연이은 물구덩이와 위험, 중수 감

重水坎

習坎, 有孚, 維心亨, 行, 有尙.
습 감 유 부 유 심 형 행 유 상

初六, 習坎, 入于坎窞, 凶.
초육 습 감 입 우 감 담 흉

九二, 坎有險, 求小得.
구이 감 유 험 구 소 득

六三, 來之坎坎, 險且枕, 入于坎窞, 勿用.
육삼 래 지 감 감 험 차 침 입 우 감 담 물 용

六四, 樽酒, 簋貳, 用缶, 納約自牖, 終无咎.
육사 준 주 궤 이 용 부 납 약 자 유 종 무 구

九五, 坎不盈, 祇旣平, 无咎.
구오 감 불 영 지 기 평 무 구

上六, 係用徽纆, 寘于叢棘, 三歲不得, 凶.
상육 계 용 휘 묵 치 우 총 극 삼 세 부 득 흉

습감괘習坎卦는 진실한 믿음이 있어서 오직 마음으로 형통하니 움직여 나아가면 가상하다.

초육효, 거듭된 구덩이에서 구덩이의 구멍으로 들어감이니 흉하다.

구이효, 구덩이에 위험이 있지만 구하는 것을 조금 얻는다.

육삼효, 오고 가는데 구덩이에 빠지는 것이며 험한 곳을 베고 누워 구덩이의 구멍으로 들어가는 것이니 쓰지 마라.

육사효, 한 동이 술과 두 그릇의 음식을 질그릇을 써서 들이되 군주와 신뢰관계를 맺어나가기를 들창으로부터 하면 마침내 허물이 없다.

구오효, 구덩이를 채우지 못하고 있지만 평평한 데에 이르게 되면 허물이 없다.

상육효, 동아줄로 묶고 가시덤불에 가둬 두어서 3년이 지나도 벗어나지 못하니 흉하다.

거듭된 밝음과 붙어 의지함, 중화 리

重火離

離, 利貞, 亨, 畜牝牛吉.
리 리정 형 휵빈우길

初九, 履錯然, 敬之, 无咎.
초구 리착연 경지 무구

六二, 黃離, 元吉.
육이 황리 원길

九三, 日昃之離, 不鼓缶而歌, 則大耋之嗟, 凶.
구삼 일측지리 불고부이가 즉대질지차 흉

九四, 突如其來如, 焚如, 死如, 棄如.
구사 돌여기래여 분여 사여 기여

六五, 出涕沱若, 戚嗟若, 吉.
육오 출체타약 척차약 길

上九, 王用出征, 有嘉, 折首, 獲匪其醜, 无咎.
상구 왕용출정 유가 절수 획비기추 무구

리괘離卦는 바르게 함이 이롭고 형통하니 암소를 기르듯이 하면 길하다.

초구효, 발자국이 어지러우니 신중하면 허물이 없으리라.

육이효, 황색중정함에 걸려 있으니 크게 선하고 길하다.

구삼효, 해가 기울어져 걸려 있는 것이니 질그릇을 두드리며 노래하지 않는다면 늙은이가 탄식하는 것이니 흉하다.

구사효, 갑자기 들이닥쳐서 육오의 군주를 불태울 듯하니 자신이 죽는 것이고 주변 사람들에게 버림받음이다.

육오효, 눈물을 줄줄 흘리고 슬퍼하며 탄식함이니 길하리라.

상구효, 왕이 정벌을 나가면 좋은 일이 있으리니, 우두머리만 죽이고 그 무리를 잡아들이지 않는다면 허물이 없을 것이다.

북드라망
암기책

周易 下經

주역
하경

음파 양의 감응, 택산 함

澤山咸

咸, 亨, 利貞, 取女吉.
함 형 리정 취녀길

初六, 咸其拇.
초육 함기무

六二, 咸其腓, 凶, 居吉.
육이 함기비 흉 거길

九三, 咸其股. 執其隨, 往吝.
구삼 함기고 집기수 왕린

九四, 貞吉, 悔亡. 憧憧往來, 朋從爾思.
구사 정길 회망 동동왕래 봉종이사

九五, 咸其脢, 无悔.
구오 함기매 무회

上六, 咸其輔頰舌.
상육 함기보협설

풀이

함괘咸卦는 형통하니 올바름을 지키는 것이 이롭고, 여자에게
장가들면 길하다.

초육효, 엄지발가락에서 감응한다.

육이효, 장딴지에서 감응하면 흉하니 자기 자리를 지키고 있으
면 길하리라.

구삼효, 넓적다리에서 감응함이라. 지키는 바가 상육을 따름이
니 나아가면 부끄러우리라.

구사효, 올바름을 굳게 지키면 길하여 후회가 없어진다. 초육
에게 왕래하기를 끊임없이 하면 친한 벗만이 너의 생
각을 따를 것이다.

구오효, 등에서 감응하니 후회가 없으리라.

상육효, 광대뼈와 뺨과 혀에서 감응한다.

오래도록 지속함, 뇌풍 항

雷風恒

恒, 亨, 无咎, 利貞, 利有攸往.
항 형 무구 리정 리유유왕

初六, 浚恒. 貞凶, 无攸利.
초육 준항 정흉 무유리

九二, 悔亡.
구이 회망

九三, 不恒其德. 或承之羞, 貞吝.
구삼 불항기덕 혹승지수 정린

九四, 田无禽.
구사 전무금

六五, 恒其德, 貞. 婦人吉, 夫子凶.
육오 항기덕 정 부인길 부자흉

上六, 振恒, 凶.
상육 진항 흉

항괘恒卦는 형통하여 허물이 없으니 올바름을 굳게 지키는 것이 이롭고 가는 바를 두는 것이 이롭다.

초육효, 깊이 파고들어 오래 지속하는 것이다. 고수하는 것이라 흉하니 이로울 바가 없다.

구이효, 후회가 없어진다.

구삼효, 덕을 오래 지속시키지 못한다. 간혹 수치로 이어질 것이니 그런 자신을 고수하면 부끄럽다.

구사효, 사냥하는데 짐승을 잡지 못하는 것이다.

육오효, 그 덕을 오래 지속하여 행하면 올바르다. 부인의 경우는 길하고 장부의 경우는 흉하다.

상육효, 흔들림이 오래 지속됨이니 흉하다.

때맞춰 물러남, 천산 둔

天山遯

遯, 亨, 小利貞.
둔 형 소리정

初六, 遯尾, 厲, 勿用有攸往.
초육 둔미 려 물용유유왕

六二, 執之用黃牛之革, 莫之勝說.
육이 집지용황우지혁 막지승설

九三, 係遯, 有疾, 厲, 畜臣妾, 吉.
구삼 계둔 유질 려 휵신첩 길

九四, 好遯, 君子吉, 小人否.
구사 호둔 군자길 소인비

九五, 嘉遯, 貞吉.
구오 가둔 정길

上九, 肥遯, 无不利.
상구 비둔 무불리

풀이

둔괘遯卦는 형통할 수 있으니 조금 바로잡음이 이롭다.

초육효, 물러나는데 꼬리가 되어 위태로우니 가는 바를 두지 말아야 한다.

육이효, 황소 가죽을 써서 구오와 묶이니 그 굳은 신뢰를 이루 다 말할 수 없다.

구삼효, 육이에 얽매인 채로 물러남이라 병이 있어 위태로우나 아랫사람과 여자를 기름에는 길하다.

구사효, 좋아하지만 물러남이니 군자에게는 길하고 소인에게 는 좋지 않다.

구오효, 아름다운 물러남이니 올바름을 굳게 지켜서 길하다.

상구효, 여유 있는 물러남이니 이롭지 않음이 없다.

앙陽이 강한 힘을 씀, 뇌천 대장

雷天 大壯

大壯, 利貞.
대장 리정

初九, 壯于趾, 征凶, 有孚.
초구 장우지 정흉 유부

九二, 貞吉.
구이 정길

九三, 小人用壯, 君子用罔. 貞厲, 羝羊觸藩,
구삼 소인용장 군자용망 정려 저양촉번

   羸其角.
   리기각

九四, 貞吉, 悔亡. 藩決不羸, 壯于大輿之輹.
구사 정길 회망 번결불리 장우대여지복

六五, 喪羊于易, 无悔.
육오 상양우이 무회

上六, 羝羊觸藩, 不能退, 不能遂. 无攸利,
상육 저양촉번 불능퇴 불능수 무유리

   艱則吉.
   간즉길

풀이

대장괘大壯卦는 올바름을 굳게 지키는 것이 이롭다.

초구효, 발에서 장성한 것이니 나아가면 흉하게 될 것이 틀림없다.

구이효, 올바름을 굳게 지켜 길하다.

구삼효, 소인이라면 강한 힘을 쓰고 군자라면 상대를 무시한다. 그 상태를 고수하면 위태로우니 숫양이 울타리를 치받아서 그 뿔이 다치는 것이다.

구사효, 올바름을 굳게 지키면 길하여 후회가 없어진다. 울타리가 터져 열려서 뿔이 다치지 않으며 큰 수레의 바퀴살이 강한 것이다.

육오효, 양羊=陽들을 온화하게 대하여 힘을 잃게 하면 후회가 없다.

상육효, 숫양이 울타리를 치받아 물러날 수도 없고 나아갈 수도 없다. 이로운 것이 없으니 어렵게 여기면 길하다.

밝음에 나아감, 화지 진

火地晉

䷢

晉, 康侯用錫馬蕃庶, 晝日三接.
진 강후용석마번서 주일삼접

初六, 晉如摧如, 貞吉. 罔孚, 裕无咎.
초육 진여최여 정길 망부 유무구

六二, 晉如愁如, 貞吉, 受玆介福于其王母.
육이 진여수여 정길 수자개복우기왕모

六三, 衆允, 悔亡.
육삼 중윤 회망

九四, 晉如鼫鼠, 貞厲.
구사 진여석서 정려

六五, 悔亡. 失得勿恤, 往吉, 无不利.
육오 회망 실득물휼 왕길 무불리

上九, 晉其角, 維用伐邑, 厲吉, 无咎. 貞吝.
상구 진기각 유용벌읍 려길 무구 정린

풀이

진괘晋卦는 나라를 안정시키는 제후에게 말을 많이 하사하고, 하루에 세 번 접견하는 것이다.

초육효, 나아가려다 물러남에 올바르면 길하다. 구사가 믿어주지 않더라도 여유를 가지면 허물이 없다.

육이효, 나아가려다 근심하는 것이지만 올바름을 지키면 길하니 왕모王母에게서 큰 복을 받는다.

육삼효, 무리가 믿고 따르니 후회가 없어진다.

구사효, 나아가는 것이 다람쥐와 같으니 계속 고수하면 위태롭다.

육오효, 후회가 없게 된다. 득실을 근심하지 말아야 하니 나아가면 길하여 이롭지 않음이 없다.

상구효, 그 뿔에까지 나아감이니 오직 자기 자신을 강하게 단속하는 데에 사용하면 엄격하더라도 길하고 허물이 없다. 하지만 올바름의 측면에서는 부끄러움이 있다.

밝음이 손상당함, 지화 명이

地火明夷

䷣

明夷, 利艱貞.
명이 리간정

初九, 明夷于飛, 垂其翼. 君子于行, 三日不食,
초구 명이우비 수기익 군자우행 삼일불식

有攸往, 主人有言.
유유왕 주인유언

六二, 明夷, 夷于左股, 用拯馬壯, 吉.
육이 명이 이우좌고 용증마장 길

九三, 明夷于南狩, 得其大首, 不可疾貞.
구삼 명이우남수 득기대수 불가질정

六四, 入于左腹, 獲明夷之心, 于出門庭.
육사 입우좌복 획명이지심 우출문정

六五, 箕子之明夷, 利貞.
육오 기자지명이 리정

上六, 不明晦, 初登于天, 後入于地.
상육 불명회 초등우천 후입우지

풀이

명이괘明夷卦는 어려움을 알고 올바름을 굳게 지키는 것이 이롭다.

초구효, 밝은 빛이 손상당하는 때 날아가려 함에 그 날개가 아래로 처지는 것이다. 군자가 떠나가면서 3일 동안 먹지 못하니 나아갈 바를 두면 주변 사람들이 이런저런 말을 한다.

육이효, 밝은 빛이 손상당하는 때에 왼쪽 넓적다리를 다쳤으나 구원하는 말馬, 구삼이 건장하다면 길하다.

구삼효, 밝은 빛이 손상당하는 때에 남쪽으로 사냥 나가서 그 우두머리상육·포악한 군주를 잡아 제거하지만 습속을 급하게 바로잡아서는 안 된다.

육사효, 왼쪽 배로 들어가 밝은 빛을 손상당한 육오의 마음을 얻어서 문 앞의 뜰국정을 논하는 조정로 나오는 것이다.

육오효, 기자가 밝은 빛을 감춘 것이니 올바름을 굳게 지키는 것이 이롭다.

상육효, 밝지 못하여 어두우니 처음에는 하늘天位, 천자의 지위에 오르고 나중에는 땅속으로 들어간다.

집안을 다스리는 도리, 풍화 가인

風火家人

家人, 利女貞.
가인 리여정

初九, 閑有家, 悔亡.
초구 한유가 회망

六二, 无攸遂, 在中饋, 貞吉.
육이 무유수 재중궤 정길

九三, 家人嗃嗃, 悔厲, 吉. 婦子嘻嘻, 終吝.
구삼 가인효효 회려 길 부자희희 종린

六四, 富家, 大吉.
육사 부가 대길

九五, 王假有家, 勿恤, 吉.
구오 왕격유가 물휼 길

上九, 有孚, 威如, 終吉.
상구 유부 위여 종길

가인괘家人卦는 여자가 올바름을 지키는 것이 이롭다.

초구효, 집안을 다스림에 법도로 막아서 지키면 후회가 없다.

육이효, 바깥일을 이루려는 바가 없으니 집안에 있으면서 음식
을 준비해 사람들에게 대접하면 올바르고 길하다.

구삼효, 집안사람들이 원망하는 소리를 내면 엄격함을 후회하
지만 길하다. 부인과 자식이 희희낙락하면 끝내 부끄
럽게 될 것이다.

육사효, 집안을 부유하게 하는 것이니 크게 길하다.

구오효, 왕이 집안을 다스리는 도를 지극히 하는 것이니 근심
하지 않아도 길하다.

상구효, 진실한 믿음이 있고 위엄이 있으면 끝내 길하리라.

어긋남과 분열, 화택 규

火澤睽

䷥

睽, 小事吉.
규　소사길

初九, 悔亡, 喪馬, 勿逐自復. 見惡人, 无咎.
초구　회망　상마　물축자복　견악인　무구

九二, 遇主于巷, 无咎.
구이　우주우항　무구

六三, 見輿曳, 其牛掣, 其人天且劓. 无初有終.
육삼　견여예　기우체　기인천차의　무초유종

九四, 睽孤, 遇元夫, 交孚, 厲无咎.
구사　규고　우원부　교부　려무구

六五, 悔亡, 厥宗噬膚, 往何咎?
육오　회망　궐종서부　왕하구

上九, 睽孤, 見豕負塗, 載鬼一車. 先張之弧,
상구　규고　견시부도　재귀일거　선장지호

　　　後說之弧, 匪寇, 婚媾, 往遇雨, 則吉.
　　　후탈지호　비구　혼구　왕우우　즉길

풀이

규괘睽卦는 작은 일에는 길하리라.

초구효, 후회가 없다. 말馬, 구사을 잃지만 쫓아가지 않아도 저절로 돌아온다. 사이가 나쁜 사람일지라도 만나야 허물이 없다.

구이효, 후미진 골목에서 군주를 만나면 허물이 없다.

육삼효, 수레가 뒤로 끌리고 소를 막아서니 그 수레에 탄 사람육삼이 머리를 깎이고 코가 베인다. 시작은 없지만 마침은 있으리라.

구사효, 어긋나는 때라 외로운 처지인데 훌륭한 남편초구을 만나 진실한 믿음을 가지고 사귀니 위태롭지만 허물이 없다.

육오효, 후회가 없어지니 그 뜻을 같이하는 사람들이 살을 깊이 깨물듯이 완전히 믿고 따라 주면 나아가는 데 무슨 허물이 있겠는가?

상구효, 어긋나는 때라 외로워서 돼지가 진흙을 뒤집어쓴 것과 수레에 귀신이 가득히 실려 있는 것을 본다. 먼저 활줄을 당기다가 나중에는 활을 풀어 놓는데, 이는 도적이 아니라 혼인할 짝이니 육삼에게 가서 비를 만나면음과 양이 만나면 길하다.

어려움과 고난, 수산 건

水山蹇

蹇, 利西南, 不利東北, 利見大人, 貞吉.
건 리서남 불리동북 리견대인 정길

初六, 往蹇, 來譽.
초육 왕건 래예

六二, 王臣蹇蹇, 匪躬之故.
육이 왕신건건 비궁지고

九三, 往蹇, 來反.
구삼 왕건 래반

六四, 往蹇, 來連.
육사 왕건 래연

九五, 大蹇, 朋來.
구오 대건 붕래

上六, 往蹇, 來碩, 吉, 利見大人.
상육 왕건 래석 길 리견대인

건괘蹇卦는 서남쪽 곤방(坤方)이 이롭고, 동북쪽 간방(艮方)은 이롭지 않으며 대인구오을 만나는 것이 이로우니 올바름을 굳게 지키면 길하리라.

초육효, 나아가면 어렵고 제자리로 돌아오면 영예가 있다.

육이효, 왕의 신하가 고난 속에서 더욱 어려운 것이니 이는 그 자신을 위한 것이 아니다.

구삼효, 나아가면 어렵고, 아래로 오면 제자리로 돌아오리라.

육사효, 나아가면 어렵고 제자리로 오면 아래의 효들과 연대한다.

구오효, 큰 어려움에 처하여 동지들이도와줄 벗육이이 온다.

상육효, 나아가면 어렵고, 아래로 오면 여유로워 길하리니 대인구오을 보는 것이 이롭다.

40

위험에서 풀려남, 뇌수 해

雷水解

䷧

解, 利西南, 无所往. 其來復吉, 有攸往, 夙吉.
해 리서남 무소왕 기래복길 유유왕 숙길

初六, 无咎.
초육 무구

九二, 田獲三狐, 得黃矢, 貞吉.
구이 전획삼호 득황시 정길

六三, 負且乘, 致寇至, 貞吝.
육삼 부차승 치구지 정린

九四, 解而拇, 朋至斯孚.
구사 해이무 붕지사부

六五, 君子維有解, 吉, 有孚于小人.
육오 군자유유해 길 유부우소인

上六, 公用射隼于高墉之上, 獲之, 无不利.
상육 공용석준우고용지상 획지 무불리

풀이

해괘解卦는 서남쪽곤방(坤方)이 이로우니 나아갈 필요가 없다.
와서 회복하는 것이 길하니 나아갈 바를 둔다면 서둘러 하는
것이 길하다.

초육효, 허물이 없다.

구이효, 사냥하여 세 마리 여우삼음(三陰): 초육·육삼·상육를 잡아
　　　　누런 화살중도(中)와 강직함(直)을 얻으니 올바름을 굳게
　　　　지켜서 길하다.

육삼효, 짐을 져야 할 소인이 수레를 타고 있는 것이라 도적을
　　　　불러들이니 올바르더라도 부끄럽게 될 것이다.

구사효, 너의 엄지발가락초육을 풀어 버리면 벗구이이 이르러 이
　　　　에 진실로 미더우리라.

육오효, 군자덕 있는 군주가 오직 풀 수 있으면 길하니 소인들의
　　　　행태를 보면 알 수 있다.

상육효, 공公: 가장 높은 자리에 오른 뛰어난 인물이 높은 담장 위에서
　　　　매를 쏘아 맞혀 잡으니 이롭지 않음이 없다.

덜어 내고 비움, 산택 손

山澤損

䷨

損, 有孚, 元吉, 无咎, 可貞, 利有攸往. 曷之用?
손 유부 원길 무구 가정 리유유왕 갈지용

二簋可用享.
이 궤 가 용 향

初九, 已事遄往, 无咎, 酌損之.
초구 이사천왕 무구 작손지

九二, 利貞, 征凶, 弗損益之.
구이 리정 정흉 불손익지

六三, 三人行, 則損一人, 一人行, 則得其友.
육삼 삼인행 즉손일인 일인행 즉득기우

六四, 損其疾, 使遄有喜, 无咎.
육사 손기질 사천유희 무구

六五, 或益之, 十朋之. 龜, 弗克違, 元吉.
육오 혹익지 십붕지 귀 불극위 원길

上九, 弗損益之, 无咎, 貞吉. 利有攸往,
상구 불손익지 무구 정길 리유유왕

得臣无家.
득 신 무 가

손괘損卦는 진실한 믿음이 있으면 크게 좋고 길하고 허물이 없어서 올바르게 할 수 있으니 나아가는 것이 이롭다. 어떻게 쓰겠는가? 대그릇 두 개만으로도 제사를 받들 수 있다.

초구효, 일을 마치거든 빨리 떠나가야 허물이 없으니 적절히 헤아려서 덜어 내야 한다.

구이효, 올바름을 굳게 지키는 것이 이롭고 함부로 나아가면 흉하니 자신의 중도를 덜어 내지 않아야 육오의 군주에게 더해 줄 수 있다.

육삼효, 세 사람이 갈 때에는 한 사람을 덜어 내고 한 사람이 갈 때에는 그 벗을 얻는다.

육사효, 그 병을 덜어 내되 신속하게 하면 기쁨이 있고 허물이 없게 된다.

육오효, 혹 더할 일이 있으면 열 명의 벗이 도와준다. 거북점일지라도 이를 어길 수 없으니 크게 좋고 길하다.

상구효, 덜어 내지 않고서 더해 주면 허물이 없고 올바름을 지켜서 길하다. 가는 바를 둠이 이로우니 신하를 얻는 것이 집안사람에 국한되지 않으리라.

보태 주고 채움, 풍뢰 익

風雷益

䷩

益, 利有攸往, 利涉大川.
익 리유유왕 리섭대천

初九, 利用爲大作, 元吉, 无咎.
초구 리용위대작 원길 무구

六二, 或益之, 十朋之. 龜, 弗克違, 永貞吉.
육이 혹익지 십붕지 귀 불극위 영정길

　　　　王用享于帝, 吉.
　　　　왕용향우제 길

六三, 益之用凶事, 无咎, 有孚中行, 告公用圭.
육삼 익지용흉사 무구 유부중행 고공용규

六四, 中行, 告公從, 利用爲依, 遷國.
육사 중행 고공종 리용위의 천국

九五, 有孚惠心, 勿問, 元吉, 有孚, 惠我德.
구오 유부혜심 물문 원길 유부 혜아덕

上九, 莫益之, 或擊之. 立心勿恒, 凶.
상구 막익지 혹격지 입심물항 흉

풀이

익괘益卦는 나아갈 바를 두는 것이 이롭고, 큰 강을 건너는 것
이 이롭다.

초구효, 큰일을 일으키는 것이 이로우니, 크게 좋고 길해야 허
물이 없다.

육이효, 혹 보탤 일이 있으면 열 명의 벗이 도와주는 것이다. 거
북점일지라도 이를 어길 수 없으나, 오래도록 올바름
을 굳게 지키면 길하다. 왕이 이런 마음을 써서 상제께
제사드려도 길하리라.

육삼효, 보태는 일을 흉한 일에 쓰면 허물이 없으나, 진실한 믿
음을 가지고 중도로써 행해야 군주에게 고할 때에 규
圭, 왕의 신표로써 할 수 있다.

육사효, 중도로 행하면 군주에게 고해 믿고 따라주니, 윗사람구
오의 군주에게 의지해 나라의 도읍을 옮기는 것이 이롭다.

구오효, 진실한 믿음이 있어 세상을 은혜롭게 하려는 마음이기
에 묻지 않아도 크게 좋고 길하니, 백성들이 믿음을 가
지고 나의 덕구오가 베푸는 정치을 은혜롭게 여긴다.

상구효, 보태 주는 사람이 없기에, 어떤 사람은 공격한다. 마음
먹기를 늘 하던 대로 하지 말아야 하니, 흉하다.

43

과감한 결단, 택천 쾌

澤天夬

夬, 揚于王庭, 孚號有厲. 告自邑, 不利卽戎,
쾌　양우왕정　부호유려　고자읍　불리즉융

利有攸往.
리유유왕

初九, 壯于前趾, 往不勝爲咎.
초구　장우전지　왕불승위구

九二, 惕號, 莫夜有戎, 勿恤.
구이　척호　모야유융　물휼

九三, 壯于頄, 有凶. 獨行遇雨, 君子夬夬.
구삼　장우규　유흉　독행우우　군자쾌쾌

　　若濡有慍, 无咎.
　　약유유온　무구

九四, 臀无膚, 其行次且. 牽羊悔亡, 聞言不信.
구사　둔무부　기행차저　견양회망　문언불신

九五, 莧陸夬夬, 中行无咎.
구오　현륙쾌쾌　중행무구

上六, 无號, 終有凶.
상육　무호　종유흉

풀이

쾌괘夬卦는 왕의 조정에서 드날리는 것이니, 진실한 믿음을 가지고 호령하여 위험이 남아 있음음이 남아 있음을 알게 한다. 자기 자신에서부터 고하되 군사를 일으키는 것은 이롭지 않으며, 나아갈 바를 두는 것이 이롭다.

초구효, 발아래 있는 초구이 앞으로 나아감에 강건한 것이니, 나아가서 감당하지 못하면 허물이 되리라.

구이효, 두려워하며 호령하는 것이니, 늦은 밤에 적군이 있더라도 걱정할 것이 없다.

구삼효, 광대뼈구삼가 건장하여 흉함이 있다. 홀로 가서 상육과 사귀어 비를 만날 수 있으니음과 양의 만남이 이루어지니 군자는 과감하게 결단한다. 비에 젖은 듯하여 노여워하면 허물이 없으리라.

구사효, 엉덩이에 살이 없으면서 나아가기를 머뭇거리니, 양羊, 아래 3개의 양(陽)을 이끌고 나아가면 후회가 없겠지만, 말을 들어도 믿지 않는다.

구오효, 쇠비름나물상육의 영향을 받음이다. 끊어 내기를 과감하게 하면 중도를 행함에 허물이 없다.

상육효, 울부짖어도 소용없으니 끝내 흉함음(陰)·소인의 종말이 있다.

우연한 만남, 천풍구

天風姤

姤, 女壯, 勿用取女.
구 여장 물용취녀

初六, 繫于金柅, 貞吉, 有攸往, 見凶.
초육 계우금니 정길 유유왕 견흉

羸豕孚蹢躅.
리시부척촉

九二, 包有魚, 无咎, 不利賓.
구이 포유어 무구 불리빈

九三, 臀无膚, 其行次且, 厲, 无大咎.
구삼 둔무부 기행차저 려 무대구

九四, 包无魚, 起凶.
구사 포무어 기흉

九五, 以杞包瓜, 含章, 有隕自天.
구오 이기포과 함장 유운자천

上九, 姤其角, 吝, 无咎.
상구 구기각 린 무구

풀이

구패姤卦는 여자가 장성할 것이니, 그 여자에게 장가들지 말아 야 한다.

초육효, 쇠로 된 굄목에 매어 놓으면 바르게 되어 길하고, 나아 갈 바를 두면 흉한 일을 당하리라. 파리한 돼지초육는 날뛰고 싶은 마음이 가득하다.

구이효, 꾸러미에 물고기초육가 있을 때처럼 하면 허물이 없을 것이니 손님외부의 다른 양(陽)·구삼과 구사에게 줌은 이롭 지 않다.

구삼효, 엉덩이에 살이 없으나 나아가기를 머뭇거리니, 위태롭 게 여기면 큰 허물이 없다.

구사효, 꾸러미에 물고기초육가 없음이니, 흉한 일이 일어날 것 이다.

구오효, 구기자나무 잎으로 오이를 감싸는 것이니, 아름다운 덕을 머금고 있으면 하늘로부터 내려 주는 복이 있다.

상구효, 그 뿔에서 만나니 부끄러우나 탓할 곳이 없다.

사람들이 모여듦, 택지 췌

澤地萃

䷬

萃, 亨, 王假有廟. 利見大人, 亨利貞. 用大牲,
췌 형 왕격유묘 리견대인 형리정 용대생

吉, 利有攸往.
길 리유유왕

初六, 有孚不終, 乃亂乃萃. 若號, 一握爲笑,
초육 유부부종 내란내췌 약호 일악위소

勿恤, 往无咎.
물휼 왕무구

六二, 引吉, 无咎, 孚乃利用禴.
육이 인길 무구 부내리용약

六三, 萃如嗟如, 无攸利. 往无咎, 小吝.
육삼 췌여차여 무유리 왕무구 소린

九四, 大吉, 无咎.
구사 대길 무구

九五, 萃有位, 无咎. 匪孚, 元永貞, 悔亡.
구오 췌유위 무구 비부 원영정 회망

上六, 齎咨涕洟, 无咎.
상육 자자체이 무구

췌괘萃卦는 왕이 종묘를 세우는 것이 지극하다. 대인구오의 군주을 만나는 것이 이로우니 형통하고 올바름을 굳게 지키는 것이 이롭다. 큰 희생을 쓰는 것이 길하니 나아갈 바를 두는 것이 이롭다.

초육효, 정응인 구사에 대한 믿음을 가지고 있으나 끝까지 가지 못하면 이에 마음이 어지러워지고, 같은 부류육이와 육삼가 모여들 것이다. 만일 크게 소리쳐 정응을 찾는다면 한 줌의 무리육이, 육삼에게 비웃음거리가 될 것이나 이를 근심하지 말고 나아가면 허물이 없다.

육이효, 구오와 서로 끌어당기면 길하여 허물이 없을 것이니, 진실한 믿음으로 소박한 제사를 드리는 것이 이롭다.

육삼효, 모이려 하다가 탄식하니 이로울 바가 없다. 나아가면 허물이 없지만 약간 부끄럽다.

구사효, 치우침 없이 두루 행해서 길하게 되어야 허물이 없다.

구오효, 백성들의 마음이 모여서 그 지위에 있게 되니 허물이 없다. 믿지 않는 자가 있어도 우두머리의 덕元을 지속적으로永 바르게 지켜 나가면貞 후회가 없어진다.

상육효, 한탄하며 눈물, 콧물을 흘리니 탓할 곳이 없다.

위로 올라감, 지풍 승

地風升

升, 元亨, 用見大人, 勿恤, 南征吉.
승 원형 용견대인 물휼 남정길

初六, 允升, 大吉.
초육 윤승 대길

九二, 孚乃利用禴, 无咎.
구이 부내리용약 무구

九三, 升虛邑.
구삼 승허읍

六四, 王用亨于岐山, 吉, 无咎.
육사 왕용형우기산 길 무구

六五, 貞吉, 升階.
육오 정길 승계

上六, 冥升, 利于不息之貞.
상육 명승 리우불식지정

풀이

승괘升卦는 크게 좋고 형통하니, 육오가 이것승(升)의 도(道)을 써서 구이의 대인을 만나 보되 근심하지 말고 남쪽으로 나아가면 길하다.

초육효, 구이를 믿고 따라 올라가는 것이니, 크게 길하다.

구이효, 진실한 믿음이 있으면 소박한 제사를 드리는 것이 이로우니, 허물이 없으리라.

구삼효, 빈 고을에 올라가는 것이다.

육사효, 왕문왕이 기산에서 형통한 것처럼 하면 길하고 허물이 없으리라.

육오효, 올바름을 굳게 지켜야 길하리니, 계단을 딛고 오르는 것이다.

상육효, 올라감에 어두운 것이니, 쉼 없이 정도正道를 행하는 것에는 이롭다.

곤경에 처함, 택수곤

澤水困

䷮

困, 亨, 貞, 大人吉, 无咎. 有言不信.
곤 형 정 대인길 무구 유언불신

初六, 臀困于株木. 入于幽谷, 三歲不覿.
초육 둔곤우주목 입우유곡 삼세부적

九二, 困于酒食, 朱紱方來. 利用亨祀, 征凶,
구이 곤우주식 주불방래 리용향사 정흉

无咎.
무구

六三, 困于石, 據于蒺藜. 入于其宮, 不見其妻,
육삼 곤우석 거우질려 입우기궁 불견기처

凶.
흉

九四, 來徐徐, 困于金車, 吝, 有終.
구사 래서서 곤우금거 린 유종

九五, 劓刖, 困于赤紱, 乃徐有說, 利用祭祀.
구오 의월 곤우적불 내서유열 리용제사

上六, 困于葛藟, 于臲卼, 曰 動悔, 有悔, 征吉.
상육 곤우갈류 우얼올 왈 동회 유회 정길

풀이

곤괘困卦는 형통하고 올바를 수 있으니 대인이라 길하고 허물이 없다. 말을 하면 믿지 않을 것이다.

초육효, 엉덩이가 나무등걸株木에 곤란을 당하니 어두운 골짜기로 들어가서 3년이 지나도 볼 수 없다.

구이효, 술과 밥에 곤궁하지만 붉은 무릎가리개를 한 구오의 군주가 올 것이다. 제사를 드리는 정성을 쓰는 것이 이로우니 나아가면 흉하여서 탓할 곳이 없다.

육삼효, 돌위에서 내리 누르는 강한 양, 구사와 구오에 눌려서 곤란하고 가시풀구이에 찔리며 앉아 있다. 그 집에 들어가도 아내를 볼 수 없으니 흉하다.

구사효, 천천히 내려감은 쇠수레강한 양, 구이에 막혀 곤란하기 때문이니, 부끄럽지만 끝맺음은 있을 것이다.

구오효, 코를 베이고 발뒤꿈치를 잘리니 적색 무릎가리개를 한 신하구이가 막혀 있지만, 서서히 기쁨이 있으리니 하늘과 땅에 제사를 드리는 정성을 쓰는 것이 이롭다.

상육효, 칡덩굴과 높고 위태로운 자리에서 곤란을 겪으니, 움직일 때마다 후회할 것이라 말하면서 뉘우치면, 나아감에 길하리라.

마르지 않는 우물의 덕, 수풍정

水風井

䷯

井, 改邑, 不改井, 无喪无得, 往來井井.
정 개읍 불개정 무상무득 왕래정정

汔至亦未繘井, 羸其瓶, 凶.
흘 지 역 미 율 정 리 기 병 흉

初六, 井泥不食. 舊井无禽.
초육 정니불식 구정무금

九二, 井谷, 射鮒, 甕敝漏.
구이 정곡 사부 옹폐루

九三, 井渫不食, 爲我心惻. 可用汲, 王明,
구삼 정설불식 위아심측 가용급 왕명

並受其福.
병수기복

六四, 井甃, 无咎.
육사 정추 무구

九五, 井冽, 寒泉食.
구오 정렬 한천식

上六, 井收勿幕, 有孚, 元吉.
상육 정수물막 유부 원길

풀이

정괘井卦는 고을은 바꾸어도 우물은 바꿀 수 없으니, 잃는 것도 없고 얻는 것도 없으며, 오고 가는 이가 모두 우물물을 마신다. 거의 이르렀는데도 두레박줄이 우물에 닿지 못한 것과 같으니 두레박이 깨지면 흉하다.

초육효, 우물에 진흙이 있어 아무도 먹지 않는다. 오래된 우물 에는 짐승들도 찾아오지 않는다.

구이효, 골짜기와 같은 우물이라서 두꺼비에게만 흐르고 항아 리가 깨져서 물이 샌다.

구삼효, 우물 바닥을 파내어 물이 깨끗한데도 사람들이 먹지 않아 내 마음이 슬프게 된다. 끌어올려 쓸 수 있으니 구 오의 군주가 현명하면 모두 함께 그 복을 받는다.

육사효, 우물에 벽돌을 쌓으면 허물이 없으리라.

구오효, 우물물이 맑아 시원한 샘물을 마신다.

상육효, 우물물을 긷고서 장막으로 뚜껑을 덮지 않고 늘 변치 않는 믿음이 있어서 매우 좋고 길하다.

혁명 또는 크게 바꿈, 택화 혁

澤火革

䷰

革, 已日乃孚, 元亨, 利貞, 悔亡.
혁 이일내부 원형 리정 회망

初九, 鞏用黃牛之革.
초구 공용황우지혁

六二, 已日乃革之, 征吉, 无咎.
육이 이일내혁지 정길 무구

九三, 征凶, 貞厲. 革言三就, 有孚.
구삼 정흉 정려 혁언삼취 유부

九四, 悔亡, 有孚, 改命, 吉.
구사 회망 유부 개명 길

九五, 大人虎變, 未占有孚.
구오 대인호변 미점유부

上六, 君子豹變, 小人革面, 征凶, 居貞吉.
상육 군자표변 소인혁면 정흉 거정길

풀이

혁괘革卦는 날이 지나야 이에 믿게 되니 크게 형통하고, 올바름을 굳게 지키는 것이 이로우니 후회가 없다.

초구효, 황소 가죽을 써서 단단히 묶는다.

육이효, 날이 지나서야 이에 크게 바꿀 수 있으니, 그대로 해 나가면 길하여 허물이 없을 것이다.

구삼효, 그대로 나아가면 흉하니 올바름을 굳게 지키고 위태롭게 여기는 마음을 품어야 하리라. 개혁해야 한다는 공론이 세 번 이루어지면 믿을 수 있다.

구사효, 후회가 없어지니 진실한 믿음이 있으면 천명을 바꾸는 것이 길하리라.

구오효, 위대한 사람이 호랑이처럼 변화시키는 것이니, 점을 치지 않아도 믿음이 있다.

상육효, 군자는 표범처럼 변하고 소인은 얼굴만 바꾸니, 끝까지 나아가려고 하면 흉하고 올바름을 지키고 있으면 길하다.

변혁의 가마솥, 화풍 정

火風鼎

鼎, 元吉亨.
정 원길형

初六, 鼎顚趾, 利出否, 得妾, 以其子, 无咎.
초육 정전지 리출비 득첩 이기자 무구

九二, 鼎有實, 我仇有疾, 不我能卽, 吉.
구이 정유실 아구유질 불아능즉 길

九三, 鼎耳革, 其行塞, 雉膏不食. 方雨,
구삼 정이혁 기행색 치고불식 방우

　　　虧悔終吉.
　　　휴 회종길

九四, 鼎折足, 覆公餗, 其形渥, 凶.
구사 정절족 복공속 기형악 흉

六五, 鼎黃耳金鉉, 利貞.
육오 정황이금현 리정

上九, 鼎玉鉉, 大吉, 无不利.
상구 정옥현 대길 무불리

정괘鼎卦는 크게 좋고 형통하다.

초육효, 솥의 발이 뒤집어졌으나 나쁜 것을 쏟아냄이 이로우니 첩초육을 얻으면 그 사람구사을 도와서 허물이 없을 것이다.

구이효, 솥에 꽉 찬 음식이 있지만, 나의 상대초육에게 병이 있으니 나에게 다가오지 못하게 하면 길하리라.

구삼효, 솥귀가 바뀌어서 구삼이 나아가는 것이 막혀 기름진 꿩고기군주의 은택를 먹지 못한다. 그러나 장차 비가 내리게 되어 부족하다고 뉘우침에 결국 길하게 될 것이다.

구사효, 솥의 다리가 부러져서 군주에게 바칠 음식을 엎었으니, 구사의 얼굴이 붉어지고 흉하다.

육오효, 솥의 누런 귀黃耳에 쇠로 만든 고리 장식金鉉이 달렸으니, 올바름을 굳게 지키는 것이 이롭다.

상구효, 솥의 옥으로 된 고리이니, 크게 길하여 이롭지 않음이 없다.

우레의 진동, 중뢰 진

重雷震

震, 亨. 震來虩虩, 笑言啞啞. 震驚百里,
진 형 진래혁혁 소언액액 진경백리

不喪匕鬯.
불상비창

初九, 震來虩虩, 後笑言啞啞, 吉.
초구 진래혁혁 후소언액액 길

六二, 震來厲, 億喪貝, 躋于九陵. 勿逐, 七日得.
육이 진래려 억상패 제우구릉 물축 칠일득

六三, 震蘇蘇, 震行, 无眚.
육삼 진소소 진행 무생

九四, 震遂泥.
구사 진수니

六五, 震往來, 厲, 億, 无喪有事.
육오 진왕래 려 억 무상유사

上六, 震索索, 視矍矍, 征凶. 震不于其躬,
상육 진삭삭 시확확 정흉 진불우기궁

于其鄰, 无咎, 婚媾有言.
우기린 무구 혼구유언

풀이

진괘震卦는 형통하다. 우레가 진동할 때 돌아보고 두려워하면 훗날에 웃고 말하며 즐거워할 때가 있으리라. 우레가 진동하여 백 리를 놀라게 할 때, 큰 숟가락과 울창주를 잃지 말아야 한다.

초구효, 우레가 진동할 때 돌아보고 두려워해야 훗날 웃고 말하는 소리가 즐거울 것이니 길하다.

육이효, 우레의 진동이 맹렬한 것이라 재물을 잃을 것을 헤아려서 높은 언덕에 올라간다. 잃어버린 것을 쫓아가지 않으면 7일이 지나서 얻으리라.

육삼효, 우레가 진동하여 정신이 아득해지니 놀라고 두려워하면서 행한다면 과실이 없으리라.

구사효, 진동하여 끝내 진창에 빠져 버렸다.

육오효, 진동하여 위로 가거나 아래로 내려가는 것 모두 위태로우니, 상황을 헤아려서 그 자리에서 해야 할 일을 잃지 말아야 한다.

상육효, 우레가 진동하여 넋이 나가 두리번거리는 것이니, 나아가면 흉하다. 우레가 자신에게 떨어지지 않고 그 이웃에 떨어질 때 미리 뉘우치면 허물이 없을 것이지만, 혼인한 짝함께 움직였던 가까운 사람은 원망하는 말을 할 것이다.

제자리에 멈춤, 중산간

重山艮

䷳

艮其背, 不獲其身, 行其庭, 不見其人, 无咎.
간 기 배 불 획 기 신 행 기 정 불 견 기 인 무 구

初六, 艮其趾, 无咎, 利永貞.
초육 간 기 지 무 구 리 영 정

六二, 艮其腓, 不拯其隨, 其心不快.
육이 간 기 비 부 증 기 수 기 심 불 쾌

九三, 艮其限, 列其夤, 厲薰心.
구삼 간 기 한 열 기 인 려 훈 심

六四, 艮其身, 无咎.
육사 간 기 신 무 구

六五, 艮其輔, 言有序, 悔亡.
육오 간 기 보 언 유 서 회 망

上九, 敦艮, 吉.
상구 돈 간 길

등에서 멈추면 그 몸을 얻지 못하며, 뜰을 걷더라도 그 사람을 보지 못하여 허물이 없으리라.

초육효, 발꿈치에서 멈추는 것이라 허물이 없으니, 오래도록 올바름을 유지하는 것이 이롭다.

육이효, 장딴지에서 멈추는 것이니 구삼을 구제하지 못하고 따르게 되어 마음이 불쾌하다.

구삼효, 경계선에 멈추는 것이라 등뼈를 벌려 놓음이니 위태로움이 마음을 태운다.

육사효, 그 자신에서 멈추는 것이니, 허물이 없다.

육오효, 광대뼈에서 그침이라. 말에는 순서가 있으니 후회가 없어진다.

상구효, 독실하게 멈추는 것이니 길하리라.

53

점차 나아감, 풍산 점

風山漸

漸, 女歸吉, 利貞.
점 여귀길 리정

初六, 鴻漸于干. 小子厲, 有言, 无咎.
초육 홍점우간 소자려 유언 무구

六二, 鴻漸于磐. 飮食衎衎, 吉.
육이 홍점우반 음식간간 길

九三, 鴻漸于陸. 夫征不復, 婦孕不育, 凶,
구삼 홍점우육 부정불복 부잉불육 흉

利禦寇.
리어구

六四, 鴻漸于木. 或得其桷, 无咎.
육사 홍점우목 혹득기각 무구

九五, 鴻漸于陵. 婦三歲不孕, 終莫之勝, 吉.
구오 홍점우릉 부삼세불잉 종막지승 길

上九, 鴻漸于陸. 其羽可用爲儀, 吉.
상구 홍점우육 기우가용위의 길

풀이

점괘漸卦는 여자가 시집가는 것이 길하니, 이로운 것은 올바름을 지키기 때문이다.

초육효, 기러기가 물가로 점차 나아가는 것이다. 소인과 어린 아이는 위태롭게 여겨 말이 있으나 허물이 없다.

육이효, 기러기가 넓은 바위로 점차 나아가는 것이다. 음식을 먹는 것이 즐겁고 즐거우니 길하다.

구삼효, 기러기가 육지로 점차 나아가는 것이다. 남자陽, 구삼는 가면 돌아오지 않고 부인陰, 육사은 잉태하더라도 기르지 못하여 흉하니 도적육사을 막는 것이 이롭다.

육사효, 기러기가 나무로 점차 나아가는 것이다. 혹 평평한 가지를 얻을 수 있으면 허물이 없으리라.

구오효, 기러기가 높은 언덕으로 점차 나아가는 것이다. 부인陰, 육이이 3년 동안 잉태하지 못하나 끝내 구삼과 육사가 이기지 못하니 길하리라.

상구효, 기러기가 허공으로 점차 나아가는 것이다. 그 날개를 써서 본보기가 될 만하니 길하다.

누이를 시집보냄, 뇌택 귀매

雷澤歸妹

䷵

歸妹, 征凶, 无攸利.
귀 매 정 흉 무 유 리

初九, 歸妹以娣, 跛能履, 征吉.
초구 귀매이제 파능리 정길

九二, 眇能視, 利幽人之貞.
구이 묘능시 리유인지정

六三, 歸妹以須, 反歸以娣.
육삼 귀매이수 반귀이제

九四, 歸妹愆期, 遲歸有時.
구사 귀매건기 지귀유시

六五, 帝乙歸妹. 其君之袂, 不如其娣之袂良,
육오 제을귀매 기군지메 불여기제지메랑

月幾望, 吉.
월기망 길

上六, 女承筐无實, 士刲羊, 无血, 无攸利.
상육 여승광무실 사규양 무혈 무유리

풀이

귀매괘歸妹卦는 섣불리 나아가면 흉하니 이로울 바가 없다.

초구효, 잉첩으로 시집보냄이니 절름발이가 걸어갈 수 있음이다. 그대로 나아가면 길하리라.

구이효, 애꾸눈으로 보는 것이니 차분하고 안정된 사람의 올바름을 지키는 것이 이롭다.

육삼효, 시집가기를 기다리는 것이니 돌이켜 낮추어서 잉첩으로 시집보낸다.

구사효, 시집갈 혼기가 지난 것이니 시집가는 일이 지체되는 것은 때가 있기 때문이다.

육오효, 제을이 어린 누이를 시집보내는 것이다. 본처의 소매가 잉첩의 소매보다 아름답지 못하니, 달이 거의 차오르면 길하다.

상육효, 여자가 제수 담을 광주리를 이어받았으나 내용물이 없고 남자가 희생양을 칼로 베지만 피가 나오지 않으니 이로울 바가 없다.

풍성하여 성대함, 뇌화풍

雷火豐

豐, 亨. 王假之, 勿憂, 宜日中.
풍 형 왕격지 물우 의일중

初九, 遇其配主. 雖旬, 无咎, 往有尚.
초구 우기배주 수순 무구 왕유상

六二, 豐其蔀. 日中見斗. 往得疑疾, 有孚發若,
육이 풍기부 일중견두 왕득의질 유부발약

    吉.
    길

九三, 豐其沛. 日中見沫. 折其右肱, 无咎.
구삼 풍기패 일중견매 절기우굉 무구

九四, 豐其蔀. 日中見斗. 遇其夷主, 吉.
구사 풍기부 일중견두 우기이주 길

六五, 來章, 有慶譽, 吉.
육오 래장 유경예 길

上六, 豐其屋, 蔀其家. 闚其戶, 闃其无人,
상육 풍기옥 부기가 규기호 격기무인

    三歲不覿, 凶.
    삼세부적 흉

풍괘豐卦는 형통하다. 왕만이 이를 제대로 할 수 있으니, 근심이 없으려면 마땅히 해가 중천에 뜬 듯이 해야 한다.

초구효, 짝이 되는 주인구사을 만남이다. 비록 둘 다 양이라 대등한 관계이지만 허물이 없으니, 그대로 나아가면 가상함이 있으리라.

육이효, 짚으로 엮은 덮개에 많이 가려짐이라. 해가 중천에 떴는데도 북두성을 본다. 나아가면 의심과 질시를 얻으리니, 진실한 믿음을 가지고 감동시키면 길하리라.

구삼효, 휘장을 둘러쓰고 있음이라. 해가 중천에 떴는데도 작은 별을 본다. 오른쪽 팔뚝이 부러졌으니 탓할 곳이 없다.

구사효, 짚으로 엮은 덮개에 많이 가려짐이라. 해가 중천에 떴는데도 북두성을 본다. 대등한 상대초구를 만나면 길하리라.

육오효, 아름답고 훌륭한 인재육이는 물론이고 초구와 구삼, 구사까지를 오게 하면 경사와 영예가 있어 길하리라.

상육효, 집을 성대하게 하고도 그 집을 짚으로 엮은 덮개로 덮어 놓은 것이라. 집 안을 엿보니 적막하여 사람이 없어 3년이 지나도록 만나 보지 못하니 흉하다.

정처 없이 유랑함, 화산 려

火山旅

䷷

旅, 小亨, 旅貞, 吉.
려 소형 려정 길

初六, 旅瑣瑣, 斯其所取災.
초육 려쇄쇄 사기소취재

六二, 旅卽次, 懷其資, 得童僕貞.
육이 려즉차 회기자 득동복정

九三, 旅焚其次, 喪其童僕貞, 厲.
구삼 려분기차 상기동복정 려

九四, 旅于處, 得其資斧, 我心, 不快.
구사 려우처 득기자부 아심 불쾌

六五, 射雉一矢亡. 終以譽命.
육오 석치일시망 종이예명

上九, 鳥焚其巢, 旅人先笑後號咷. 喪牛于易, 凶.
상구 조분기소 려인선소후호도 상우우이 흉

려괘旅卦는 조금 형통하고, 유랑함에 올바르게 행동하여 길하
다.

초육효, 유랑하는 자가 비루하고 쪼잔하니 이 때문에 재앙을
자초한다.

육이효, 유랑하는 자가 숙소에 드니 노잣돈을 지니고 있고 동
복童僕, 어린 심부름꾼(초육)과 마부(구삼)의 충직함을 얻는다.

구삼효, 유랑하는 자가 숙소를 불태우고 동복아랫사람의 충직함
을 잃어버리니 위태롭다.

구사효, 유랑하는 자가 거처할 곳이 있고 그 노잣돈과 도끼를
얻었지만, 나구사의 마음은 불쾌하다.

육오효, 꿩을 쏘아 맞혀 화살 하나로 잡은 것이다. 끝내 영예와
복록을 얻는다.

상구효, 새가장 윗자리에 있는 상구가 둥지를 불태우는 것이니 유랑
하는 자가 먼저 웃고 나중에는 울부짖는다. 소홀히 여
겨서 소유순한 덕를 잃어버리니 흉하다.

공손하게 순종함, 중풍 손

重風巽

☰

巽, 小亨. 利有攸往, 利見大人.
손 소 형 리유유왕 리견대인

初六, 進退, 利武人之貞.
초육 진퇴 리무인지정

九二, 巽在牀下, 用史巫紛若, 吉, 无咎.
구이 손재상하 용사무분약 길 무구

九三, 頻巽, 吝.
구삼 빈손 린

六四, 悔亡, 田獲三品.
육사 회망 전획삼품

九五, 貞吉. 悔亡, 无不利, 无初有終. 先庚三日,
구오 정길 회망 무불리 무초유종 선경삼일

　　　後庚三日, 吉.
　　　후경삼일 길

上九, 巽在牀下, 喪其資斧. 貞凶.
상구 손재상하 상기자부 정흉

손괘巽卦는 약간 형통하다. 나아갈 바를 두는 것이 이롭고, 대인구이와 구오을 만나는 것이 이롭다.

초육효, 나아갔다가 물러나니, 무인강한 기운을 가진 사람의 올바름이 이롭다.

구이효, 겸손하여 침상 아래에 있으니, 박수와 무당을 많이 쓰면 길하고 허물이 없다.

구삼효, 이랬다저랬다 하는 공손함이니, 부끄럽다.

육사효, 후회가 없어지니 사냥 나가서 세 등급의 짐승을 잡는 것이다.

구오효, 올바름을 굳게 지키면 길하다. 후회가 없어져서 이롭지 않음이 없으니, 처음은 없지만 끝맺음이 있다. 변혁庚에 앞서 3일, 변혁庚 이후 3일을 신중히 하면 길하리라.

상구효, 자신을 낮추어 침상 아래에 있으니 노잣돈과 도끼자신의 능력과 판단력를 잃는다. 올바름의 측면에서 보면 흉하다.

이어지는 기쁨, 중택 태

重澤兌

兌, 亨, 利貞.
태 형 리정

初九, 和兌, 吉.
초구 화태 길

九二, 孚兌, 吉, 悔亡.
구이 부태 길 회망

六三, 來兌, 凶.
육삼 래태 흉

九四, 商兌未寧, 介疾有喜.
구사 상태미녕 개질유희

九五, 孚于剝, 有厲.
구오 부우박 유려

上六, 引兌.
상육 인태

태괘兌卦는 형통하니, 바르게 하는 것이 이롭다.

초구효, 조화를 이루면서 기쁘게 함이니 길하다.

구이효, 진실한 믿음으로써 기쁘게 하니 길하고 후회가 없어진다.

육삼효, 아래로 내려가서 기쁘게 하니 흉하다.

구사효, 기쁨을 계산하느라 편안하지 못한 것이니, 구오의 군주에 대한 절개를 지키고 병이 되는 자육삼를 미워하면 기쁜 일이 있으리라.

구오효, 양陽을 벗겨 내려는 자陰, 상육를 믿으면 위태로움이 있으리라.

상육효, 기쁨을 당겨서 연장하려는 것이다.

민심이 흩어짐, 풍수 환

風水渙

䷺

渙, 亨. 王假有廟, 利涉大川, 利貞.
환 형 왕격유묘 리섭대천 리정

初六, 用拯馬壯, 吉.
초육 용증마장 길

九二, 渙, 奔其机, 悔亡.
구이 환 분기궤 회망

六三, 渙, 其躬, 无悔.
육삼 환 기궁 무회

六四, 渙, 其羣, 元吉. 渙, 有丘, 匪夷所思.
육사 환 기군 원길 환 유구 비이소사

九五, 渙, 汗其大號, 渙, 王居, 无咎.
구오 환 한기대호 환 왕거 무구

上九, 渙, 其血去, 逖出, 无咎.
상구 환 기혈거 적출 무구

환괘渙卦는 형통하다. 왕이 종묘를 두는 데 지극하며 큰 강을 건너는 것이 이로우니 올바름을 굳게 지키는 것이 이롭다.

초육효, 구제하려고 하되 말馬, 구이이 건장하니 길하다.

구이효, 민심이 흩어지는 때에 기댈 곳초육으로 달려가면 후회가 없어지리라.

육삼효, 민심이 흩어질 때에 그 자신만 후회가 없으리라.

육사효, 민심이 흩어지는 때에 무리를 이루는 자라서 크게 길하다. 민심이 흩어질 때 사람이 언덕처럼 모이는 것은 평범한 사람이 생각할 수 있는 것이 아니다.

구오효, 민심이 흩어질 때에 크게 호령하기를 몸이 땀에 젖어 들듯이 하면, 민심이 흩어짐에 왕이 왕답게 처신하니 허물이 없으리라.

상구효, 민심이 흩어질 때에 그 피陰, 육삼를 제거하고 두려움에서 벗어나면 허물이 없으리라.

절도에 맞게 제어함, 수택 절

水澤節

節, 亨, 苦節, 不可貞.
절 형 고절 불가정

初九, 不出戶庭, 无咎.
초구 불출호정 무구

九二, 不出門庭, 凶.
구이 불출문정 흉

六三, 不節若, 則嗟若, 无咎.
육삼 부절약 즉차약 무구

六四, 安節, 亨.
육사 안절 형

九五, 甘節, 吉, 往有尙.
구오 감절 길 왕유상

上六, 苦節, 貞凶, 悔亡.
상육 고절 정흉 회망

풀이

절괘節卦는 형통하니, 억지로 제어하는 것은 올바름을 굳게 지킬 수 없다.

초구효, 문 바깥 정원에 나가지 않으면 허물이 없으리라.

구이효, 집 안에 있는 정원에 나가지 않으니 흉하다.

육삼효, 자신을 절도에 맞게 제어하지 않으면 탄식하게 될 것이니 탓할 곳이 없다.

육사효, 절제함에 편안하니 형통하다.

구오효, 아름다운 절제라서 길하니 그대로 나아가면 가상함이 있다.

상육효, 억지로 절제하는 것이니 고집하면 흉하고, 고치면 후회가 없어진다.

진실한 믿음, 풍택 중부

風澤中孚

中孚, 豚魚, 吉. 利涉大川, 利貞.
중부 돈어 길 리섭대천 리정

初九, 虞, 吉, 有他, 不燕.
초구 우 길 유타 불연

九二, 鳴鶴在陰, 其子和之. 我有好爵,
구이 명학재음 기자화지 아유호작

　　　吾與爾靡之.
　　　오여이미지

六三, 得敵, 或鼓, 或罷, 或泣, 或歌.
육삼 득적 혹고 혹파 혹읍 혹가

六四, 月幾望, 馬匹亡, 无咎.
육사 월기망 마필망 무구

九五, 有孚攣如, 无咎.
구오 유부련여 무구

上九, 翰音登于天, 貞凶.
상구 한음등우천 정흉

중부괘中孚卦는 진실한 믿음이 돼지와 물고기에게까지 미치면 길하다. 큰 강을 건너는 것이 이롭고 올바름을 굳게 지키는 것이 이롭다.

초구효, 믿을 상대를 깊이 헤아리면 길하니, 다른 사람을 두어 믿지 못할 상대를 만나면 편안치 못하리라.

구이효, 그늘에서 학이 울고 있으니 그 새끼가 화답한다. 내게 좋은 벼슬이 있으니 그대와 함께 나누고 싶다.

육삼효, 상대상구를 얻어서 어떤 때는 북을 치고, 어떤 때는 그만두며, 어떤 때는 울고, 어떤 때는 노래한다.

육사효, 달이 거의 가득 차오르니, 말馬, 육사이 짝초구을 잃으면 허물이 없다.

구오효, 진실한 믿음으로 천하의 민심을 끌어당겨 결집시키면 허물이 없다.

상구효, 새 날갯짓 소리가 하늘로 올라가는 것이니 고집하면 흉하다.

작은 일이 지나침, 뇌산 소과

雷山小過

小過, 亨, 利貞. 可小事, 不可大事. 飛鳥遺之音,
소 과 형 리정 가소사 불가대사 비조유지음

不宜上, 宜下, 大吉.
불의상 의하 대길

初六, 飛鳥, 以凶.
초육 비조 이흉

六二, 過其祖, 遇其妣, 不及其君, 遇其臣, 无咎.
육이 과기조 우기비 불급기군 우기신 무구

九三, 弗過防之, 從或戕之, 凶.
구삼 불과방지 종혹장지 흉

九四, 无咎, 弗過遇之. 往厲必戒, 勿用永貞.
구사 무구 불과우지 왕려필계 물용영정

六五, 密雲不雨, 自我西郊, 公, 弋取彼在穴.
육오 밀운불우 자아서교 공 익취피재혈

上六, 弗遇過之, 飛鳥離之, 凶. 是謂災眚.
상육 불우과지 비조리지 흉 시위재생

풀이

소과괘小過卦는 형통하니 올바름을 굳게 지키는 것이 이롭다. 작은 일은 할 수 있지만 큰일은 할 수 없다. 날아가는 새가 소리를 남기는 것이니 위로 올라가면 마땅치 않고 아래로 향하면 마땅하니 크게 길하다.

초육효, 날아가는 새이니 흉하다.

육이효, 할아버지구사를 지나치고 할머니육오를 만나는 것이니, 군주의 권위에 도전하지 않고 신하의 도리에 합당하다면 허물이 없으리라.

구삼효, 지나칠 정도로 방비하지 않으면 이어서 해칠 수 있으므로 흉하다.

구사효, 허물이 없으니 과도하지 않아 적당한 것이다. 그대로 나아가면 위태로우니 반드시 경계해야 하며, 오래도록 양의 기질을 고집하지 말아야 한다.

육오효, 구름이 빽빽하지만 비가 내리지 않는 것은 내가 서쪽 교외로부터 왔기 때문이니, 육오의 군주가 저 구멍에 있는 육이를 쏘아서 잡는다.

상육효, 이치에 맞지 않고 과도하니, 날아가는 새가 빨리 떠나가는 것이라 흉하다. 이것을 일러 하늘이 내린 재앙災과 인간이 자초한 화眚라고 한다.

이미 이루어짐, 수화 기제

水火旣濟

䷾

旣濟, 亨小. 利貞, 初吉終亂.
기제 형소 리정 초길종란

初九, 曳其輪, 濡其尾, 无咎.
초구 예기륜 유기미 무구

六二, 婦喪其茀, 勿逐. 七日得.
육이 부상기불 물축 칠일득

九三, 高宗伐鬼方, 三年克之, 小人勿用.
구삼 고종벌귀방 삼년극지 소인물용

六四, 繻有衣袽, 終日戒.
육사 유유의녀 종일계

九五, 東鄰殺牛, 不如西鄰之禴祭, 實受其福.
구오 동린살우 불여서린지약제 실수기복

上六, 濡其首, 厲.
상육 유기수 려

기제괘既濟卦는 작은 일에 형통하다. 올바름을 굳게 지키는 것이 이로우니, 처음에는 길하고 끝에는 어지러워진다.

초구효, 수레바퀴를 뒤로 잡아당기고 여우가 그 꼬리를 적시면 허물이 없다.

육이효, 부인이 그 가리개를 잃은 것이니, 쫓아가지 말라. 그러면 7일 만에 얻으리라.

구삼효, 고종이 귀방을 정벌하여 3년 만에야 이겼으니, 소인은 쓰지 말아야 한다.

육사효, 배에 물이 스며들며 젖으니 헌옷가지를 마련하고 종일토록 경계하는 것이다.

구오효, 동쪽 이웃구오이 소를 잡아 성대하게 제사지내는 것이 서쪽 이웃육이이 간략한 제사를 올려 실제로 그 복을 받는 것만 못하다.

상육효, 머리까지 젖으니 위태롭다.

아직 이루어지지 않음, 화수 미제

火水未濟

未濟, 亨. 小狐汔濟, 濡其尾, 无攸利.
미 제 형 소 호 흘 제 유 기 미 무 유 리

初六, 濡其尾, 吝.
초 육 유 기 미 린

九二, 曳其輪, 貞吉.
구 이 예 기 륜 정 길

六三, 未濟, 征凶, 利涉大川.
육 삼 미 제 정 흉 리 섭 대 천

九四, 貞吉, 悔亡, 震用伐鬼方, 三年有賞于大國.
구 사 정 길 회 망 진 용 벌 귀 방 삼 년 유 상 우 대 국

六五, 貞吉, 无悔, 君子之光, 有孚吉.
육 오 정 길 무 회 군 자 지 광 유 부 길

上九, 有孚于飮酒, 无咎, 濡其首, 有孚失是.
상 구 유 부 우 음 주 무 구 유 기 수 유 부 실 시

미제괘未濟卦는 형통하다. 어린 여우가 과감하게 강물을 건너는데 그 꼬리를 적시니, 이로울 것이 없다.

초육효, 꼬리를 적셨으니 부끄럽다.

구이효, 수레바퀴를 뒤로 잡아끌듯이 하면 올바르게 해서 길하다.

육삼효, 미제의 때에 나아가면 흉하지만 큰 강을 건너는 것이 이롭다.

구사효, 올바름을 지키면 길하여 후회가 없어지니, 강한 힘을 써서 귀방을 정벌하는데 3년 만에야 큰 나라에서 상을 받는다.

육오효, 올바르게 행해서 길하여 후회가 없으니, 군자의 빛이 진실한 믿음이 있어 길하다.

상구효, 진실한 믿음을 가지고 술을 마시면 허물이 없지만, 머리까지 젖으면 믿음에 있어 마땅함을 잃으리라.

주역 64괘
원문 읽기

1. 重天 乾

乾, 元, 亨, 利, 貞.

初九, 潛龍, 勿用.

九二, 見龍在田, 利見大人.

九三, 君子終日乾乾, 夕惕若, 厲, 无咎.

九四, 或躍在淵, 无咎.

九五, 飛龍在天, 利見大人.

上九, 亢龍, 有悔.

用九, 見羣龍, 无首, 吉.

2. 重地 坤

坤, 元, 亨, 利, 牝馬之貞. 君子有攸往. 先迷,
後得, 主利. 西南得朋, 東北喪朋, 安貞, 吉.

初六, 履霜, 堅冰至.

六二, 直方大. 不習无不利.

六三, 含章可貞, 或從王事, 无成有終.

六四, 括囊, 无咎无譽.

六五, 黃裳, 元吉.

上六, 龍戰于野, 其血玄黃.

用六, 利永貞.

3. 水雷 屯

屯, 元亨, 利貞. 勿用有攸往, 利建侯.

初九, 磐桓, 利居貞, 利建侯.

六二, 屯如邅如, 乘馬班如, 匪寇, 婚媾. 女子
　　　貞不字, 十年乃字.

六三, 卽鹿无虞, 惟入于林中. 君子幾, 不如舍,

往吝.

六四, 乘馬班如, 求婚媾, 往, 吉, 无不利.

九五, 屯其膏. 小貞, 吉, 大貞, 凶.

上六, 乘馬班如, 泣血漣如.

4. 山水 蒙

蒙, 亨. 匪我求童蒙, 童蒙求我. 初筮告, 再
三瀆, 瀆則不告, 利貞.

初六, 發蒙, 利用刑人. 用說桎梏, 以往, 吝.

九二, 包蒙, 吉. 納婦, 吉, 子克家.

六三, 勿用取女. 見金夫, 不有躬, 无攸利.

六四, 困蒙, 吝.

六五, 童蒙, 吉.

上九, 擊蒙. 不利爲寇, 利禦寇.

5. 水天 需

需, 有孚, 光亨, 貞吉, 利涉大川.

初九, 需于郊, 利用恒, 无咎.
九二, 需于沙, 小有言, 終吉.
九三, 需于泥, 致寇至.
六四, 需于血, 出自穴.
九五, 需于酒食, 貞吉.
上六, 入于穴, 有不速之客三人來, 敬之, 終吉.

6. 天水 訟

訟, 有孚, 窒, 惕, 中吉, 終凶. 利見大人, 不利
涉大川.

初六, 不永所事, 小有言, 終吉.

九二, 不克訟, 歸而逋, 其邑人三百戶, 无眚.

六三, 食舊德, 貞厲, 終吉. 或從王事, 无成.

九四, 不克訟, 復卽命, 渝, 安貞, 吉.

九五, 訟, 元吉.

上九, 或錫之鞶帶, 終朝三褫之.

7. 地水 師

師, 貞, 丈人, 吉, 无咎.

初六, 師出以律, 否, 臧, 凶.

九二, 在師, 中吉, 无咎, 王三錫命.

六三, 師或輿尸, 凶.

六四, 師左次, 无咎.

六五, 田有禽, 利執言, 无咎. 長子帥師, 弟子興尸, 貞, 凶.

上六, 大君有命, 開國承家, 小人勿用.

8. 水地 比

比, 吉, 原筮, 元永貞, 无咎. 不寧, 方來, 後,
夫, 凶.

初六, 有孚比之, 无咎. 有孚盈缶, 終, 來有他
　　　吉.
六二, 比之自內, 貞吉.
六三, 比之匪人.
六四, 外比之, 貞, 吉.
九五, 顯比. 王用三驅, 失前禽, 邑人不誡, 吉.
上六, 比之无首, 凶.

9. 風天 小畜

小畜, 亨. 密雲不雨, 自我西郊.

初九, 復, 自道, 何其咎? 吉.
九二, 牽復, 吉.
九三, 輿說輻, 夫妻反目.
六四, 有孚, 血去, 惕出, 无咎.
九五, 有孚. 攣如, 富以其鄰.
上九, 旣雨旣處, 尙德, 載, 婦貞, 厲. 月幾望,
　　　君子征, 凶.

10. 天澤 履

履虎尾, 不咥人, 亨.

初九, 素履, 往, 无咎.

九二, 履道坦坦, 幽人貞吉.

六三, 眇能視, 跛能履. 履虎尾, 咥人, 凶, 武人爲于大君.

九四, 履虎尾, 愬愬, 終吉.

九五, 夬履, 貞, 厲.

上九, 視履, 考祥, 其旋, 元吉.

11. 地天 泰

泰, 小往, 大來, 吉, 亨.

初九, 拔茅茹, 以其彙征, 吉.

九二, 包荒, 用馮河, 不遐遺, 朋亡, 得尚于中行.

九三, 无平不陂, 无往不復. 艱貞, 无咎, 勿恤,其孚, 于食, 有福.

六四, 翩翩, 不富以其鄰, 不戒以孚.

六五, 帝乙歸妹, 以祉, 元吉.

上六, 城復于隍. 勿用師, 自邑告命, 貞, 吝.

12. 天地 否

否之匪人. 不利君子貞, 大往小來.

初六, 拔茅茹, 以其彙, 貞, 吉, 亨.

六二, 包承. 小人吉, 大人否, 亨.

六三, 包羞.

九四, 有命, 无咎, 疇離祉.

九五, 休否, 大人吉. 其亡其亡, 繫于苞桑.

上九, 傾否, 先否, 後喜.

13. 天火 同人

同人于野, 亨, 利涉大川, 利君子貞.

初九, 同人于門, 无咎.
六二, 同人于宗, 吝.
九三, 伏戎于莽, 升其高陵, 三歲不興.
九四, 乘其墉, 弗克攻, 吉.
九五, 同人, 先號咷而後笑, 大師克, 相遇.
上九, 同人于郊, 无悔.

14. 火天 大有

大有, 元亨.

初九, 无交害, 匪咎. 艱則无咎.

九二, 大車以載, 有攸往, 无咎.

九三, 公用亨于天子, 小人弗克.

九四, 匪其彭, 无咎.

六五, 厥孚交如, 威如, 吉.

上九, 自天祐之, 吉无不利.

15. 地山 謙

謙, 亨, 君子有終.

初六, 謙謙君子, 用涉大川, 吉.

六二, 鳴謙, 貞, 吉.

九三, 勞謙, 君子有終, 吉.

六四, 无不利撝謙.

六五, 不富以其鄰, 利用侵伐, 无不利.

上六, 鳴謙, 利用行師, 征邑國.

16. 雷地 豫

豫, 利建侯行師.

初六, 鳴豫, 凶.

六二, 介于石, 不終日, 貞吉.

六三, 肝豫, 悔, 遲, 有悔.

九四, 由豫, 大有得, 勿疑, 朋, 盍簪.

六五, 貞, 疾, 恒不死.

上六, 冥豫, 成, 有渝, 无咎.

17. 澤雷 隨

隨, 元亨, 利貞, 无咎.

初九, 官有渝, 貞, 吉, 出門交有功.

六二, 係小子, 失丈夫.

六三, 係丈夫, 失小子, 隨, 有求, 得, 利居貞.

九四, 隨有獲, 貞, 凶. 有孚, 在道, 以明, 何咎!

九五, 孚于嘉, 吉.

上六, 拘係之, 乃從維之, 王用亨于西山.

18. 山風 蠱

蠱, 元亨, 利涉大川, 先甲三日, 後甲三日.

初六, 幹父之蠱. 有子, 考无咎, 厲, 終吉.

九二, 幹母之蠱, 不可貞.

九三, 幹父之蠱, 小有悔, 无大咎.

六四, 裕父之蠱, 往, 見吝.

六五, 幹父之蠱, 用譽.

上九, 不事王侯, 高尚其事.

19. 地澤 臨

臨, 元亨, 利貞. 至于八月, 有凶.

初九, 咸臨, 貞, 吉.

九二, 咸臨, 吉, 无不利.

六三, 甘臨, 无攸利, 旣憂之, 无咎.

六四, 至臨, 无咎.

六五, 知臨, 大君之宜, 吉.

上六, 敦臨, 吉, 无咎.

20. 風地 觀

觀, 盥而不薦, 有孚, 顒若.

初六, 童觀, 小人无咎, 君子吝.

六二, 闚觀, 利女貞.

六三, 觀我生, 進退.

六四, 觀國之光, 利用賓于王.

九五, 觀我生, 君子, 无咎.

上九, 觀其生, 君子, 无咎.

21. 火雷 噬嗑

噬嗑, 亨, 利用獄.

初九, 屨校, 滅趾, 无咎.

六二, 噬膚, 滅鼻, 无咎.

六三, 噬腊肉, 遇毒, 小吝, 无咎.

九四, 噬乾胏, 得金矢, 利艱貞, 吉.

六五, 噬乾肉, 得黃金, 貞厲, 无咎.

上九, 何校滅耳, 凶.

22. 山火 賁

賁, 亨, 小利有攸往.

初九, 賁其趾, 舍車而徒.
六二, 賁其須.
九三, 賁如濡如, 永貞, 吉.
六四, 賁如皤如, 白馬翰如, 匪寇, 婚媾.
六五, 賁于丘園, 束帛, 戔戔, 吝, 終吉.
上九, 白賁, 无咎.

23. 山地 剝

剝, 不利有攸往.

初六, 剝牀以足, 蔑貞, 凶.

六二, 剝牀以辨, 蔑貞, 凶.

六三, 剝之无咎.

六四, 剝牀以膚, 凶.

六五, 貫魚, 以宮人寵, 无不利.

上九, 碩果不食, 君子得輿, 小人剝廬.

24. 地雷 復

復, 亨. 出入无疾, 朋來无咎. 反復其道, 七日來復, 利有攸往.

初九, 不遠復, 无祗悔, 元吉.

六二, 休復, 吉.

六三, 頻復, 厲, 无咎.

六四, 中行, 獨復.

六五, 敦復, 无悔.

上六, 迷復, 凶, 有災眚. 用行師, 終有大敗, 以
　　其國, 君凶, 至于十年, 不克征.

25. 天雷 无妄

无妄, 元亨, 利貞, 其匪正, 有眚, 不利有攸往.

初九, 无妄, 往吉.

六二, 不耕, 穫, 不菑, 畬, 則利有攸往.

六三, 无妄之災, 或繫之牛, 行人之得, 邑人之
　　災.

九四, 可貞, 无咎.

九五, 无妄之疾, 勿藥, 有喜.

上九, 无妄, 行, 有眚, 无攸利.

26. 山天 大畜

大畜, 利貞, 不家食, 吉, 利涉大川.

初九, 有厲, 利已.
九二, 輿說輹.
九三, 良馬逐, 利艱貞. 日閑輿衛, 利有攸往.
六四, 童牛之牿, 元吉.
六五, 豶豕之牙, 吉.
上九, 何天之衢, 亨.

27. 山雷 頤

頤, 貞, 吉, 觀頤, 自求口實.

初九, 舍爾靈龜, 觀我, 朵頤, 凶.

六二, 顚頤, 拂經. 于丘, 頤, 征, 凶.

六三, 拂頤貞, 凶, 十年勿用. 无攸利.

六四, 顚頤, 吉, 虎視耽耽, 其欲逐逐, 无咎.

六五, 拂經, 居貞, 吉, 不可涉大川.

上九, 由頤, 厲, 吉. 利涉大川.

28. 澤風 大過

大過, 棟, 橈, 利有攸往, 亨.

初六, 藉用白茅, 无咎.

九二, 枯楊生稊. 老夫得其女妻, 无不利.

九三, 棟橈, 凶.

九四, 棟隆, 吉, 有它, 吝.

九五, 枯楊生華. 老婦得其士夫, 无咎, 无譽.

上六, 過涉滅頂, 凶, 无咎.

29. 重水 坎

習坎, 有孚, 維心亨, 行, 有尙.

初六, 習坎, 入于坎窞, 凶.
九二, 坎有險, 求小得.
六三, 來之坎坎, 險且枕, 入于坎窞, 勿用.
六四, 樽酒, 簋貳, 用缶, 納約自牖, 終无咎.
九五, 坎不盈, 祗旣平, 无咎.
上六, 係用徽纆, 寘于叢棘, 三歲不得, 凶.

30. 重火 離

離, 利貞, 亨, 畜牝牛吉.

初九, 履錯然, 敬之, 无咎.

六二, 黃離, 元吉.

九三, 日昃之離, 不鼓缶而歌, 則大耋之嗟, 凶.

九四, 突如其來如, 焚如, 死如, 棄如.

六五, 出涕沱若, 戚嗟若, 吉.

上九, 王用出征, 有嘉, 折首, 獲匪其醜, 无咎.

31. 澤山 咸

咸, 亨, 利貞, 取女吉.

初六, 咸其拇.

六二, 咸其腓, 凶, 居吉.

九三, 咸其股. 執其隨, 往吝.

九四, 貞吉, 悔亡. 憧憧往來, 朋從爾思.

九五, 咸其脢, 无悔.

上六, 咸其輔頰舌.

32. 雷風 恒

恒, 亨, 无咎, 利貞, 利有攸往.

初六, 浚恒. 貞凶, 无攸利.

九二, 悔亡.

九三, 不恒其德. 或承之羞, 貞吝.

九四, 田无禽.

六五, 恒其德, 貞. 婦人吉, 夫子凶.

上六, 振恒, 凶.

33. 天山 遯

遯, 亨, 小利貞.

初六, 遯尾, 厲, 勿用有攸往.

六二, 執之用黃牛之革, 莫之勝說.

九三, 係遯, 有疾, 厲, 畜臣妾, 吉.

九四, 好遯, 君子吉, 小人否.

九五, 嘉遯, 貞吉.

上九, 肥遯, 无不利.

34. 雷天 大壯

大壯, 利貞.

初九, 壯于趾, 征凶, 有孚.

九二, 貞吉.

九三, 小人用壯, 君子用罔. 貞厲, 羝羊觸藩,
　　　羸其角.

九四, 貞吉, 悔亡. 藩決不羸, 壯于大輿之輹.

六五, 喪羊于易, 无悔.

上六, 羝羊觸藩, 不能退, 不能遂. 无攸利, 艱
　　則吉.

35. 火地 晉

晉, 康侯用錫馬蕃庶, 晝日三接.

初六, 晉如摧如, 貞吉. 罔孚, 裕无咎.

六二, 晉如愁如, 貞吉, 受玆介福于其王母.

六三, 衆允, 悔亡.

九四, 晉如鼫鼠, 貞厲.

六五, 悔亡. 失得勿恤, 往吉, 无不利.

上九, 晉其角, 維用伐邑, 厲吉, 无咎. 貞吝.

36. 地火 明夷

明夷, 利艱貞.

初九, 明夷于飛, 垂其翼. 君子于行, 三日不食,
　　　有攸往, 主人有言.
六二, 明夷, 夷于左股, 用拯馬壯, 吉.
九三, 明夷于南狩, 得其大首, 不可疾貞.
六四, 入于左腹, 獲明夷之心, 于出門庭.
六五, 箕子之明夷, 利貞.
上六, 不明晦, 初登于天, 後入于地.

37. 風火 家人

家人, 利女貞.

初九, 閑有家, 悔亡.

六二, 无攸遂, 在中饋, 貞吉.

九三, 家人嗃嗃, 悔厲, 吉. 婦子嘻嘻, 終吝.

六四, 富家, 大吉.

九五, 王假有家, 勿恤, 吉.

上九, 有孚, 威如, 終吉.

38. 火澤 睽

睽, 小事吉.

初九, 悔亡, 喪馬, 勿逐自復. 見惡人, 无咎.

九二, 遇主于巷, 无咎.

六三, 見輿曳, 其牛掣, 其人天且劓. 无初有終.

九四, 睽孤, 遇元夫, 交孚, 厲无咎.

六五, 悔亡, 厥宗噬膚, 往何咎?

上九, 睽孤, 見豕負塗, 載鬼一車. 先張之弧,
　　後說之弧, 匪寇, 婚媾, 往遇雨, 則吉.

39. 水山 蹇

蹇, 利西南, 不利東北, 利見大人, 貞吉.

初六, 往蹇, 來譽.

六二, 王臣蹇蹇, 匪躬之故.

九三, 往蹇, 來反.

六四, 往蹇, 來連.

九五, 大蹇, 朋來.

上六, 往蹇, 來碩, 吉, 利見大人.

40. 雷水 解

解, 利西南, 无所往. 其來復吉, 有攸往, 夙吉.

初六, 无咎.

九二, 田獲三狐, 得黃矢, 貞吉.

六三, 負且乘, 致寇至, 貞吝.

九四, 解而拇, 朋至斯孚.

六五, 君子維有解, 吉, 有孚于小人.

上六, 公用射隼于高墉之上, 獲之, 无不利.

41. 山澤 損

損, 有孚, 元吉, 无咎, 可貞, 利有攸往. 曷之
用? 二簋可用享.

初九, 已事遄往, 无咎, 酌損之.

九二, 利貞, 征凶, 弗損益之.

六三, 三人行, 則損一人, 一人行, 則得其友.

六四, 損其疾, 使遄有喜, 无咎.

六五, 或益之, 十朋之. 龜, 弗克違, 元吉.

上九, 弗損益之, 无咎, 貞吉. 利有攸往, 得臣
无家.

42. 風雷 益

益, 利有攸往, 利涉大川.

初九, 利用爲大作, 元吉, 无咎.

六二, 或益之, 十朋之. 龜, 弗克違, 永貞吉. 王
用享于帝, 吉.

六三, 益之用凶事, 无咎, 有孚中行, 告公用圭.

六四, 中行, 告公從, 利用爲依, 遷國.

九五, 有孚惠心, 勿問, 元吉, 有孚, 惠我德.

上九, 莫益之, 或擊之. 立心勿恒, 凶.

43. 澤天夬

夬, 揚于王庭, 孚號有厲. 告自邑, 不利卽戎,
利有攸往.

初九, 壯于前趾, 往不勝爲咎.

九二, 惕號, 莫夜有戎, 勿恤.

九三, 壯于頄, 有凶. 獨行遇雨, 君子夬夬. 若
      濡有慍, 无咎.

九四, 臀无膚, 其行次且. 牽羊悔亡, 聞言不信.

九五, 莧陸夬夬, 中行无咎.

上六, 无號, 終有凶.

44. 天風 姤

姤, 女壯, 勿用取女.

初六, 繫于金柅, 貞吉, 有攸往, 見凶. 羸豕孚
  蹢躅.
九二, 包有魚, 无咎, 不利賓.
九三, 臀无膚, 其行次且, 厲, 无大咎.
九四, 包无魚, 起凶.
九五, 以杞包瓜, 含章, 有隕自天.
上九, 姤其角, 吝, 无咎.

45. 澤地 萃

萃, 亨, 王假有廟. 利見大人, 亨利貞. 用大
牲, 吉, 利有攸往.

初六, 有孚不終, 乃亂乃萃. 若號, 一握爲笑,
　　　勿恤, 往无咎.

六二, 引吉, 无咎, 孚乃利用禴.

六三, 萃如嗟如, 无攸利. 往无咎, 小吝.

九四, 大吉, 无咎.

九五, 萃有位, 无咎. 匪孚, 元永貞, 悔亡.

上六, 齎咨涕洟, 无咎.

46. 地風 升

升, 元亨, 用見大人, 勿恤, 南征吉.

初六, 允升, 大吉.

九二, 孚乃利用禴, 无咎.

九三, 升虛邑.

六四, 王用亨于岐山, 吉, 无咎.

六五, 貞吉, 升階.

上六, 冥升, 利于不息之貞.

47. 澤水 困

困, 亨, 貞, 大人吉, 无咎. 有言不信.

初六, 臀困于株木. 入于幽谷, 三歲不覿.

九二, 困于酒食, 朱紱方來. 利用亨祀, 征凶,
　　　无咎.

六三, 困于石, 據于蒺藜. 入于其宮, 不見其妻,
　　　凶.

九四, 來徐徐, 困于金車, 吝, 有終.

九五, 劓刖, 困于赤紱, 乃徐有說, 利用祭祀.

上六, 困于葛藟, 于臲卼, 曰 動悔, 有悔, 征吉.

48. 水風 井

井, 改邑, 不改井, 无喪无得, 往來井井. 汔
至亦未繘井, 羸其瓶, 凶.

初六, 井泥不食. 舊井无禽.

九二, 井谷, 射鮒, 甕敝漏.

九三, 井渫不食, 爲我心惻. 可用汲, 王明, 並
受其福.

六四, 井甃, 无咎.

九五, 井洌, 寒泉食.

上六, 井收勿幕, 有孚, 元吉.

49. 澤火 革

革, 已日乃孚, 元亨, 利貞, 悔亡.

初九, 鞏用黃牛之革.

六二, 已日乃革之, 征吉, 无咎.

九三, 征凶, 貞厲. 革言三就, 有孚.

九四, 悔亡, 有孚, 改命, 吉.

九五, 大人虎變, 未占有孚.

上六, 君子豹變, 小人革面, 征凶, 居貞吉.

50. 火風 鼎

鼎, 元吉, 亨.

初六, 鼎顚趾, 利出否. 得妾, 以其子, 无咎.

九二, 鼎有實, 我仇有疾, 不我能卽, 吉.

九三, 鼎耳革, 其行塞, 雉膏不食. 方雨, 虧悔
終吉.

九四, 鼎折足, 覆公餗, 其形渥, 凶.

六五, 鼎黃耳金鉉, 利貞.

上九, 鼎玉鉉, 大吉, 无不利.

51. 重雷 震

震, 亨. 震來虩虩, 笑言啞啞. 震驚百里, 不喪
匕鬯.

初九, 震來虩虩, 後笑言啞啞, 吉.

六二, 震來, 厲, 億喪貝, 躋于九陵. 勿逐, 七日
　　得.

六三, 震蘇蘇, 震行, 无眚.

九四, 震遂泥.

六五, 震往來, 厲, 億, 无喪有事.

上六, 震索索, 視矍矍, 征凶. 震不于其躬, 于
　　其鄰, 无咎, 婚媾有言.

52. 重山 艮

艮其背, 不獲其身, 行其庭, 不見其人, 无咎.

初六, 艮其趾, 无咎, 利永貞.

六二, 艮其腓, 不拯其隨, 其心不快.

九三, 艮其限, 列其夤, 厲薰心.

六四, 艮其身, 无咎.

六五, 艮其輔, 言有序, 悔亡.

上九, 敦艮, 吉.

53. 風山 漸

漸, 女歸吉, 利貞.

初六, 鴻漸于干. 小子厲, 有言, 无咎.

六二, 鴻漸于磐. 飮食衎衎, 吉.

九三, 鴻漸于陸. 夫征不復, 婦孕不育, 凶, 利
　　　禦寇.

六四, 鴻漸于木. 或得其桷, 无咎.

九五, 鴻漸于陵. 婦三歲不孕, 終莫之勝, 吉.

上九, 鴻漸于陸. 其羽可用爲儀, 吉.

54. 雷澤 歸妹

歸妹, 征凶, 无攸利.

初九, 歸妹以娣, 跛能履, 征吉.

九二, 眇能視, 利幽人之貞.

六三, 歸妹以須, 反歸以娣.

九四, 歸妹愆期, 遲歸有時.

六五, 帝乙歸妹. 其君之袂, 不如其娣之袂良,

月幾望, 吉.

上六, 女承筐无實, 士刲羊, 无血, 无攸利.

55. 雷火 豐

豐, 亨. 王假之, 勿憂, 宜日中.

初九, 遇其配主. 雖旬, 无咎, 往有尙.

六二, 豐其蔀. 日中見斗. 往得疑疾, 有孚發若, 吉.

九三, 豐其沛. 日中見沫. 折其右肱, 无咎.

九四, 豐其蔀. 日中見斗. 遇其夷主, 吉.

六五, 來章, 有慶譽, 吉.

上六, 豐其屋, 蔀其家. 闚其戶, 闃其无人, 三
　　　歲不覿, 凶.

56. 火山 旅

旅, 小亨, 旅貞, 吉.

初六, 旅瑣瑣, 斯其所取災.
六二, 旅卽次, 懷其資, 得童僕貞.
九三, 旅焚其次, 喪其童僕貞, 厲.
九四, 旅于處, 得其資斧, 我心, 不快.
六五, 射雉一矢亡. 終以譽命.
上九, 鳥焚其巢, 旅人先笑後號咷. 喪牛于易,
　　凶.

57. 重風 巽

巽, 小亨. 利有攸往, 利見大人.

初六, 進退, 利武人之貞.

九二, 巽在牀下, 用史巫紛若, 吉, 无咎.

九三, 頻巽, 吝.

六四, 悔亡, 田獲三品.

九五, 貞吉. 悔亡, 无不利, 无初有終. 先庚三日, 後庚三日, 吉.

上九, 巽在牀下, 喪其資斧. 貞凶.

58. 重澤 兌

兌, 亨, 利貞.

初九, 和兌, 吉.

九二, 孚兌, 吉, 悔亡.

六三, 來兌, 凶.

九四, 商兌未寧, 介疾有喜.

九五, 孚于剝, 有厲.

上六, 引兌.

59. 風水 渙

渙, 亨. 王假有廟, 利涉大川, 利貞.

初六, 用拯馬壯, 吉.

九二, 渙, 奔其机, 悔亡.

六三, 渙, 其躬, 无悔.

六四, 渙, 其羣, 元吉. 渙, 有丘, 匪夷所思.

九五, 渙, 汗其大號, 渙, 王居, 无咎.

上九, 渙, 其血去, 逖出, 无咎.

60. 水澤 節

節, 亨, 苦節, 不可貞.

初九, 不出戶庭, 无咎.
九二, 不出門庭, 凶.
六三, 不節若, 則嗟若, 无咎.
六四, 安節, 亨.
九五, 甘節, 吉, 往有尙.
上六, 苦節, 貞凶, 悔亡.

61. 風澤 中孚

中孚, 豚魚, 吉. 利涉大川, 利貞.

初九, 虞, 吉, 有他, 不燕.

九二, 鳴鶴在陰, 其子和之. 我有好爵, 吾與爾
    靡之.

六三, 得敵, 或鼓, 或罷, 或泣, 或歌.

六四, 月幾望, 馬匹亡, 无咎.

九五, 有孚攣如, 无咎.

上九, 翰音登于天, 貞凶.

62. 雷山 小過

小過, 亨, 利貞. 可小事, 不可大事. 飛鳥遺
之音, 不宜上, 宜下, 大吉.

初六, 飛鳥, 以凶.

六二, 過其祖, 遇其妣, 不及其君, 遇其臣, 无
    咎.

九三, 弗過防之, 從或戕之, 凶.

九四, 无咎, 弗過遇之. 往厲必戒, 勿用永貞.

六五, 密雲不雨, 自我西郊, 公, 弋取彼在穴.

上六, 弗遇過之, 飛鳥離之, 凶. 是謂災眚.

63. 水火 旣濟

旣濟, 亨小. 利貞, 初吉終亂.

初九, 曳其輪, 濡其尾, 无咎.

六二, 婦喪其茀, 勿逐. 七日得.

九三, 高宗伐鬼方, 三年克之, 小人勿用.

六四, 繻有衣袽, 終日戒.

九五, 東鄰殺牛, 不如西鄰之禴祭, 實受其福.

上六, 濡其首, 厲.

64. 火水 未濟

未濟, 亨. 小狐汔濟, 濡其尾, 无攸利.

初六, 濡其尾, 吝.

九二, 曳其輪, 貞吉.

六三, 未濟, 征凶, 利涉大川.

九四, 貞吉, 悔亡, 震用伐鬼方, 三年有賞于大
國.

六五, 貞吉, 无悔, 君子之光, 有孚吉.

上九, 有孚于飮酒, 无咎, 濡其首, 有孚失是.

주역 64괘 한눈에 보기

상경	1. 중천 건 重天乾	2. 중지 곤 重地坤	3. 수뢰 둔 水雷屯	4. 산수 몽 山水蒙
	5. 수천 수 水天需	6. 천수 송 天水訟	7. 지수 사 地水師	8. 수지 비 水地比
	9. 풍천 소축 風天小畜	10. 천택 리 天澤履	11. 지천 태 地天泰	12. 천지 비 天地否
	13. 천화 동인 天火同人	14. 화천 대유 火天大有	15. 지산 겸 地山謙	16. 뇌지 예 雷地豫
	17. 택뢰 수 澤雷隨	18. 산풍 고 山風蠱	19. 지택 림 地澤臨	20. 풍지 관 風地觀
	21. 화뢰 서합 火雷噬嗑	22. 산화 비 山火賁	23. 산지 박 山地剝	24. 지뢰 복 地雷復
	25. 천뢰 무망 天雷无妄	26. 산천 대축 山天大畜	27. 산뢰 이 山雷頤	28. 택풍 대과 澤風大過
	29. 중수 감 重水坎	30. 중화 리 重火離	하경 31. 택산 함 澤山咸	32. 뇌풍 항 雷風恒

33. 천산 둔 天山遯	34. 뇌천 대장 雷天大壯	35. 화지 진 火地晉	36. 지화 명이 地火明夷
37. 풍화 가인 風火家人	38. 화택 규 火澤睽	39. 수산 건 水山蹇	40. 뇌수 해 雷水解
41. 산택 손 山澤損	42. 풍뢰 익 風雷益	43. 택천 쾌 澤天夬	44. 천풍 구 天風姤
45. 택지 췌 澤地萃	46. 지풍 승 地風升	47. 택수 곤 澤水困	48. 수풍 정 水風井
49. 택화 혁 澤火革	50. 화풍 정 火風鼎	51. 중뢰 진 重雷震	52. 중산 간 重山艮
53. 풍산 점 風山漸	54. 뇌택 귀매 雷澤歸妹	55. 뇌화 풍 雷火豐	56. 화산 려 火山旅
57. 중풍 손 重風巽	58. 중택 태 重澤兌	59. 풍수 환 風水渙	60. 수택 절 水澤節
61. 풍택 중부 風澤中孚	62. 뇌산 소과 雷山小過	63. 수화 기제 水火旣濟	64. 화수 미제 火水未濟

풀어 읽은이 고은주

'인문학당 상우(尙友)' 학인.

1971년 제주에서 태어나 자랐다. 마흔 살에 죽을 고비를 넘기며
'이렇게 살다 죽으면 안 되겠다'고 결심했고,

어떻게 살아가야 할까 고민하다

'감이당'에서 인문학 공부를 시작했다.

『낭송 성종실록』과 『낭송 주역』을 풀어 읽었고,

'인문학당 상우'에서 동양 고전 공부를 계속 해나가고 있다.

앞으로도 쭉 공부와 삶이 하나가 되는 길을 걸어가고 싶다.

감수 우응순

고려대 문학박사. 고려대 민족문화연구원 연구 교수 및

문화학교 교장 역임. '인문학당 상우' 대표.

『주역』, 『맹자』, 『장자』 등 한문 원전 강의를 하며 동학과 후학을

만나는 기쁨에 푹 빠져 살고 있다.

저서로 『친절한 강의 대학』, 『친절한 강의 중용』 등이 있다.